中华经典现代解读丛书

CONG LIJI KAN ZHONGHUA LIYI WENHUA

从《礼记》
看中华礼仪文化

顾 易 ◎ 著

暨南大学出版社
JINAN UNIVERSITY PRESS

中国 · 广州

图书在版编目（CIP）数据

从《礼记》看中华礼仪文化 / 顾易著. — 广州：暨南大学出版社，2020.5
（中华经典现代解读丛书）
ISBN 978-7-5668-2880-4

Ⅰ.①从… Ⅱ.①顾… Ⅲ.①礼仪—中国—古代②《礼记》—通俗读物 Ⅳ.①K892.9-49

中国版本图书馆CIP数据核字（2020）第 048840 号

从《礼记》看中华礼仪文化
CONG LIJI KAN ZHONGHUA LIYI WENHUA
著　者：顾　易

出 版 人：张晋升
丛书策划：徐义雄
责任编辑：冯　琳
责任校对：刘舜怡　康　蕊
责任印制：汤慧君　周一丹

出版发行：暨南大学出版社（510630）
电　　话：总编室（8620）85221601
　　　　　营销部（8620）85225284　85228291　85228292（邮购）
传　　真：（8620）85221583（办公室）　85223774（营销部）
网　　址：http://www.jnupress.com
排　　版：书窗设计
印　　刷：广东广州日报传媒股份有限公司印务分公司
开　　本：850 mm × 1168 mm　1/32
印　　张：4.5
字　　数：74 千
版　　次：2020 年 5 月第 1 版
印　　次：2020 年 5 月第 1 次
定　　价：30.00 元

总　序

　　中华优秀传统文化历史悠久，博大精深，魅力无穷，是中华民族的"根"、中华民族的"魂"，是中华文化自信的源头、活水，也是中华民族的精神力量、文化力量和道德力量。而中华经典是中华优秀传统文化的精华与精髓，蕴含着中华优秀传统文化的精神内核、价值取向、道德标识和文化内涵，读懂弄通经典可以启迪人们的思想，让人们增长智慧、升华境界、受益终身。《易经》《论语》《大学》《中庸》《颜氏家训》等书，我过去虽然也读过，但随着人生阅历的增长，又有新的感悟，这就是经典的魅力之所在，让人温故知新，常读常新。现在，我带着思考去读，广泛地涉猎各种版本，进行比较、审问，加以新的概括，收获就更大了。

　　然而，经典毕竟是几千年前的产物，随着时代的进步，有的内涵发生了变化，就要赋予经典新的内涵并加以丰富和发展，这就需要对其进行"现代解读"。这个"现代解读"，就是习近平总书记指出的进行"创造性转化、创新性发展"，具体来说：一是要"不忘本来"，不忘中华优秀传统文化的根源，珍惜、保护和弘扬中华优秀传统文化，维护其根脉，注入时代精神，使其焕发生机和活力；二是要"吸收外来"，以开放的心态，接纳世界优秀的文化，既不妄自菲薄，也不夜郎自大，取长补短，博采众长，借鉴人类共同的文明成果，展现其强大的生命力和独特的魅力；三是要"面向未来"，着眼于造福子孙万代和永续发展，着眼于中华民族的伟大复兴，为未来的发展夯实根基，提供不竭的精神动力和力量源泉。正是基于以上的认识，从几年前开始，我就着手进行"中华经典现代解读丛书"的写作，至今完成了八本，以后还计划再写若干本。

　　解读中华经典的书籍可以说是汗牛充栋，数不胜数，但大多为分段的解释、考证。此丛书有别于其他经典解读读物的地方在于：一是紧扣中华优秀传统文化的精神标识、道德标识和文化标识。我认为这三个标识集中体现为："天下为公"的社会理想、"天人合一"的生存智慧、"民为邦本"的为政之道、"民富国强"的奋斗目标、"公平正义"的社会法则、"和谐共生"的相处之道、"自强不息"的奋斗精神、"精忠报国"的爱国情怀、"革故鼎新"的创新意识、"中庸之道"的行为方式、"经世致用"的处世方法、"居安思危"的忧患意识、"威武不屈"的民族气节、"唯物辩证"的思维方式、"仁者爱人"的道德良心、"孝老爱亲"的家庭伦理、"敬业求精"的职业操守、"谦和好礼"的君子风度、"包容会通"的宽广胸怀、"诗书礼乐"的情感表达。这些精神和思想，跨越时空，超越国度，富有永恒魅力，仍然具有当代价值，为此，我在写作时不会面面俱到，而是集中于某一个侧面，选择一个主题进行解读。二是观照当下，结合当前的现实生活，以古鉴今，增强针对性，指导生活，学以致用，活学活用。三是力求通俗易懂，经典大多比较深奥难懂，为此，必须用现代的话语进行讲解，用讲故事的方法来阐述道理。

　　"中华经典现代解读丛书"的写作，让我重温经典，对我来说是一次再认知、再感悟、再提高的过程，我不仅增长了知识，更为重要的是修炼了心灵，虽然写作的过程很辛劳，但又乐在其中。由于本人能力、水平所限，本丛书一定存在一些缺陷和不足，期待得到读者的指正。

　　是为序。

作者于广州

2019年10月8日

目　录

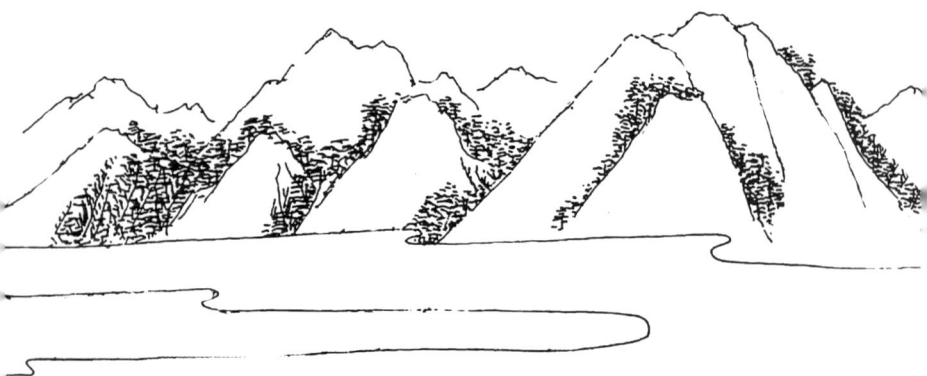

引　言

古时候，有一个年轻商人去外地做生意，到了一个三岔路口不知道应该走哪条路。正当他犹豫不决的时候，有一位放牛的老翁走过，他忙问道："哎！老头！从这里去苏州走哪一条路啊？还有多少路程？"

老翁一看，这二十多岁的年轻人，穿着倒是斯斯文文，怎么一点礼貌都没有！心里不快，便随口道："走中间那一条路吧，这里离苏州不远，还有六七千丈。"

年轻商人既高兴又奇怪，就问老翁："老头，你们这个地方讲路程怎么不是论里而是论丈呀？"老翁悠悠地说："我们这个地方一向都是讲礼（里）的，可是自从这里来了一个不讲礼（里）的人后，就不讲礼（里）了！"说完，老翁就牵着牛摇着头离开了。年轻商人后来一琢磨才明白，原来老翁是在说他没有礼貌啊，不由得惭愧极了。俗话说，"有礼走遍天下，无礼寸步难行"，不懂礼貌就会处处碰壁。

讲礼仪，讲文明，一直都是我们中华民族的传统美德。中华大地向来是礼仪之邦，在古代，人们就非常讲究礼仪，即使两国交战也要"先礼后兵"。那么，什么是礼？让我们从汉字的"礼"字说起。

汉字的"礼"字，甲骨文为𧴎，金文为禮，小篆为禮，繁体为禮，从示，从豊亦声。"礼"从"示"表示与祭祀有关，甲骨文像礼器"豆"中盛满了祭品玉形，表示致祭之意。《说文解字·示部》："礼，履也。所以事神致福也。"即祭神灵以求福。篆文分为二体：以"示"表示致祭，以"豊"表示丰满。《说文解字》中说："豊，行礼之器也。从豆，象形。"本义为古代祭祀用的礼器，后引申为礼貌、礼仪、礼让，泛指社会生活中的规范和礼节。

中华文明素称礼乐文明。唐代著名经学大师孔颖达为《左传》注疏，在解释"华夏"一词时说："中国有礼仪之大，故称夏；有服章之美，谓之华。华夏一也。"著名史学家柳诒徵先生也曾说："中国者，礼仪之邦也。以中道立国，以礼仪立国，是中华民族与其他民族比较而言最具特色之处。"

"礼"经过远古社会的孕育，再经儒家的丰富和完善，逐渐成为维护社会秩序的重要手段，成为规范人们思想和行为的重要准则。

　　儒家非常重视礼的教育，以《诗》《书》《乐》《礼》《易》《春秋》为教材，以文、行、忠、信为课目，开设了礼节、音乐、射箭、驾车、书法和数学"六艺"。《史记·滑稽列传》引孔子的话说："六艺于治一也。《礼》以节人，《乐》以发和，《书》以道事，《诗》以达意，《易》以神化，《春秋》以道义。"《诗》《书》为文字的教育；《礼》《乐》为行为的训练，心情的陶冶；《易》谈哲理；《春秋》记史，微言大义。《论语·尧曰篇》说："不知礼，无以立也。"礼是一个人立身处世最基本的要求。有一次，弟子颜渊请教孔子，问践行仁的具体做法是什么。孔子回答他，不合于礼的不看，不合于礼的不听，不合于礼的不说，不合于礼的不做。孔子把"礼"作为德与仁的体现，他认为一个内心不仁的人是没办法做到礼的。荀子说："人无礼则不生，事无礼则不成，国无礼则不宁。"礼既是个人立身处世之本，也是立国安邦之本。

　　道家把礼义廉耻作为国之四维。《管子·牧民》说："何谓四维？一曰礼，二曰义，三曰廉，四曰耻。

礼不逾节，义不自进，廉不蔽恶，耻不从枉。"礼可明贵贱尊卑，义能立行事之重，廉会判正邪善恶，耻则知羞耻之格。礼作为治国之本，对于社会、国家来说就是"序"，是维护社会秩序的工具、调节社会秩序的手段。

从孔子到荀子再到管子，我们看到古代先贤对礼的执着追求，感受到礼在古人修身、齐家、治国、平天下上的重要功能，亦领略到"礼之用，和为贵"所揭示的治国理政、协和万邦的真谛。

仪容、仪表、言谈、举止，是一个人修养、教养、涵养的体现，是成就君子之风的不二法门，然而，传统礼仪在今天因种种原因有许多已经日渐式微，不知礼、不守礼的现象不时出现。"礼"的教育仍然是当代一个重要的课题。

《礼记》是中华礼仪文化之经典，让我们重温《礼记》，领略中华礼仪文化的博大精深，知礼、好礼、习礼、行礼。

第一讲　一部中国最早的礼仪文化经典

礼是中华民族走向文明的标志之一，中国礼仪文化不但历史悠久，而且灿烂夺目，拥有丰富的相关典籍。礼是中华文化之心。流传至今的儒家"十三经"中有三部礼学经典，统称"三礼"：一部是《仪礼》，记述周代冠、婚、丧、祭诸礼的仪式；一部是《周礼》，记载西周的官制；还有一部就是《礼记》，是孔门弟子阐发礼义的文集，共四十九篇。《仪礼》《周礼》这两部书不仅文古义奥，而且名物度数繁冗，不易通读。《礼记》则以思想隽永、说理宏通见长，礼仪规范具体详尽，历来被认为是沟通《仪礼》与《周礼》的桥梁。《礼记》以语录、条记、议论为主要形式，内容贴近生活，文字相当浅显，读者容易理解。

一、《礼记》的成书过程

《礼记》的成书经过，历来颇有争议，台湾学者周何在《礼学概论》中，认为《礼记》经历了附经而作、单独成篇、选篇成书、定本流传四个阶段。这一看法比较科学和客观。

早期的《礼记》附经而作，可从今本《仪礼》看到证据：今本《仪礼》十七篇，其中十一篇经文末端都有个"记"字，然后书写了经文的内容。

单独成篇的形态在先秦出现，汉初以单篇形式出现。

选篇成书是在汉宣帝时期，两汉礼学家戴圣与其叔戴德在学宫讲授《仪礼》，为了让平淡无奇的礼仪教学变得生动，戴圣选编了礼学教材，成《礼记》，又名《小戴礼记》。《小戴礼记》是我国古代一部重要的典章制度选集，共二十卷四十九篇，主要记载了先秦的礼制，体现了先秦儒家的哲学思想（如天道观、宇宙观、人生观）、教育思想（如个人修身、教育制度、教学方法、学校管理）、政治思想（如以教化政、大同社会、小康社会、礼制与刑律）、美学思想（如物动心感说、礼乐中和说），是研究先秦社会的重要资料，是一部礼学的集大成之作。

相传东汉时期，经学大师郑玄为"三礼"作注，使《礼记》的可读性更高，是为定本。于是，《礼记》开始流传，盛行不衰。

二、《礼记》的主要内容

今本《礼记》共四十九篇，博达雅丽，文辞精密而义理深邃，易于领会，是知礼、习礼和究礼的入门经典。就"三礼"来说，尽管《仪礼》《周礼》两部书体例比较完整，但是从对社会、对人们思想的影响来说，《礼记》反而比《仪礼》和《周礼》大得多。

《礼记》中，《冠义》《昏义》《射义》《燕义》《聘义》《祭义》《乡饮酒义》《丧大记》《丧服四制》等篇直接阐发《仪礼》内容；《曲礼》《礼运》《内则》《文王世子》等篇是对《仪礼》未备内容的补充；《中庸》《大学》等篇与《仪礼》关系不大，却是《礼记》中最为重要的篇章之一。所以我们常说的"四书五经"中的"四书"，有两书其实是出自《礼记》的。

《礼记》的内容实在驳杂，不好学习把握。学者高明在《礼学新探·礼记概说》中，把《礼记》全文分为三大类：一是通论，包括《礼运》《礼器》《经解》等，主要论述礼义和与礼相关的学术思想；二是通礼，包括《曲礼》《内则》《少仪》《月令》《王制》等，主要讲述世俗生活规范和国家政令制度；三是专论，包括《奔丧》《祭法》《冠义》《昏义》《乡饮酒义》《射义》等，介绍了丧礼、祭礼、冠礼、婚礼、乡饮酒礼、射礼等礼仪形式。

三、《礼记》的解读方法

深通国学的梁启超先生曾经说，《礼记》为青年不可不读之书，而又为万不能全读之书。他在自己数十年研究的基础上，将读《礼记》的方法归纳出来，在《要籍解题及其读法》中说：

读《礼记》之人有三种：一，以治古代礼学为目的者；二，以治儒家学术思想史为目的者；三，以常识及修养应用为目的者。今分别略论其法。

以治古代礼学为目的而读《礼记》者：第一，当知《礼记》乃解释《仪礼》之书，必须与《仪礼》合读。第二，须知《周礼》晚出不可信，万不可引《周礼》以解《礼记》或难《礼记》，致自乱其系统。第三，当知《礼记》是一部乱杂的丛书，欲理清眉目，最好是分类纂抄，比较研究，略如唐魏征《类礼》，元吴澄《礼记纂言》，清江永《礼书纲目》之例。（魏征书今佚。《唐书》本传云："征以《小戴礼》综汇不伦，更作《类礼》二十篇。太宗美其书，录置内府。"《谏录》载太宗诏书云："以类相从，别为篇第。并更注解，文义粲然。"）第四，当知此丛书并非出自一人一时代之作，其中各述所闻见所主张，自然不免矛盾。故只宜随文研索，有异同者则并存之，不可强为会通，转生缪锼。以上四义，不过随举所见。吾未尝治此学，不敢谓有心得也。居今日而治古代礼学，诚可不必。然欲研究古代社会史或宗教史者，则礼学实为极重要之研究对象，未可以为僵石而吐弃之也。

以治儒家学术思想史为目的而读《礼记》者，当略以吾前段所举之五事为范围。其条目则（一）儒家对于礼之观念，（二）儒家争辩礼节之态度及其结果，（三）儒家之理想的礼治主义及其制度，（四）礼教与哲学等等，先标出若干门目而鸟瞰全书，综析其资料，庶可以见彼时代一家学派之真相也。

以常识或修养应用为目的而读《礼记》者，因《小戴记》四十九篇，自唐以来号为"大经"，自明以来列为"五经"之一，诵习之广，次于《诗》《书》，久已形成国民常识之一部，其中精粹语有裨于身心修养及应事接物之用者不少，故吾辈宜宝而读之。惟其书繁重且干燥无味者过半，势不能以全读。吾故不避僭妄，为欲读者区其等第如左：

第一等　《大学》《中庸》《学记》《乐记》《礼

运》《王制》；

第二等　《经解》《坊记》《表记》《缁衣》《儒行》《大传》《礼器》之一部分，《祭义》之一部分；

第三等　《曲礼》之一部分，《月令》《檀弓》之一部分；

第四等　其他。

吾愿学者于第一等诸篇精读，第二、三等摘读，第四等或竟不读可也。

今天，我们大多数人读《礼记》应该是第三种。主要了解礼是如何产生发展的，礼的核心精神是什么，礼的本质是什么，礼的主要规范是什么。要努力做到"知书达礼"，成为一个有学养、有教养、有修养的人。

第二讲　礼，具有"经天地，理人伦"的功能

《左传》引君子云："礼，经国家，定社稷，序民人，利后嗣者也。"孔颖达疏云："国家非礼不治，社稷得礼乃安，故礼所以经理国家、安定社稷。以礼教民则亲戚和睦，以礼守位则泽及子孙。"子太叔言："礼，上下之纪、天地之经纬也，民之所以生也，是以先王尚之。"这些论述指出了礼的功能、作用和意义。用一句话来概括：礼具有实现"天地人和"的终极意义。

一、礼，根据于"天"，效法于"地"，是参天化育之道

关于"礼"的起源，《礼记·礼运》说"夫礼之初，始诸饮食"，指出礼起于俗，与人们的衣食住行、葬祭活动方式有密切联系。葬礼、祭祀的仪式与意义涉及养生送终，事奉天神上帝，与神灵相沟通、相往来，因此"礼"始于饮食，成于祭祀。"民以食为天"，食物是人类赖以生存的基础，食物又是天地之所赐，为此，人必须对自然、对食物心存感恩和敬畏。如何表达这种感恩和敬畏呢？用"礼"去表达。为此，《礼记·礼运》谓："礼必本于天，殽（效）于地。""夫礼必本于天，动而之地，列而之事，变而从时，协于分

艺。"礼是仿照自然法则而制定的，是"上下之纪，天地之经纬"。

《礼记·礼运》中记载，孔子曰："夫礼，先王以承天之道，以治人之情。故失之者死，得之者生。《诗》曰：'相鼠有体，人而无礼，人而无礼，胡不遄死。'是故夫礼必本于天，殽于地，列于鬼神，达于丧、祭、射、御、冠、昏、朝、聘。故圣人以礼示之，故天下国家可得而正也。"

这段话的意思是：孔子认为，礼，是先王用来遵循天的旨意，用来治理人情的，所以谁失掉了礼谁就会死亡，谁得到了礼谁就能生存。《诗经·相鼠》说，"老鼠还有形体，人类怎能无礼？如果做人无礼，还不如早点死去"。因此，礼这个东西，一定是源之于天，效法于地，并列于鬼神，贯彻于丧礼、祭礼、射礼、御礼、冠礼、婚礼、觐礼、聘礼之中。所以，圣人用礼来昭示天下，而天下国家才有可能走入正轨。

吉礼中的祭礼对天地与地祇的祭祀，主要在于彰显先圣先贤对于实现天地人伦的周全考虑。作为万物之灵的人类，必须对周遭的人、事、物采取和谐的对待方式，取得彼此的平衡点，以尽人伦，以合物理，而成普遍伦理之极致。对于天地万物之祭祀，其实旨在提醒世人应当特别关心外在的环境，以表达世人对万物仁义之情。适时地对大自然礼敬，可以使人不妄自尊大，不暴殄天物，还能培养懂得收敛谦逊、感恩图报的美德，可以积极促成人与万物的和谐关系，是实现普及伦理不可或缺的一环。

在礼文化中，人与自然之和谐是人与人、人与社会之和谐的基础，也是最高的道德追求。其中，"天人合一"是人与自然关系的实质，"礼法自然"是人对自然法则的领悟与仿效，"立中制节"是协调人与自然关系的准则，"天地位焉，万物育焉"则是人与自然和谐的理想境界。礼文化中人与自然和谐的思想表现在以下几个方面：

第一，"天"是建构礼乐秩序的本原，"礼法自然"，就是遵循了天道的要求。《礼记·乐记》说："礼者，天地之序也。""乐由天作，礼以地制。"《礼记》认为，礼是天地有序的表现。乐根据天地自然的律动而作，礼根据社会生活的规律而制。"礼有三本，天地者生之本也"，荀子在《礼论篇》中如是说。《易经·序卦传》中讲道："有天地，然后有万物；有万物，然后有男女；

有男女，然后有夫妇；有夫妇，然后有父子；有父子，然后有君臣；有君臣，然后有上下；有上下，然后礼义有所错。"即天地是万物的根源，先有自然万物，才有人的存在，继而才有夫妇、父子、君臣、上下的人伦关系，进而才有人类社会，以及人类社会的政治生活秩序。在这种自然发生论的观点下，"天"虽然不是社会规范秩序的创立者，但作为其"发端者"，"天"势必与人类社会秩序有着深切的联系。

国学大师钱穆先生曾说："中国文化过去最大的贡献，在于对天人关系的研究。……中国古人认为人生与天命最高贵最伟大之处，便在于能把他们两者和合为一。""天人合一"也是《周易》的灵魂，同时被誉为华夏民族的宇宙观。古人崇尚的理想人格是不违背天时节律、顺天而动，是遵循自然规律、与天地万物和谐共存。只有顺天而动，遵循自然规律，人类才能顺利地生存和发展。

古人在"天人合一"意识的基础上进一步提出了"礼法自然"的理念，从而使人与自然的关系通过"礼"而得到了更多的关联与融合，并演进到了更高的程度。礼法自然是古人制礼的基本原则，是人类对自然的领悟与效仿。

正如《礼记·礼运》所说："圣人作则，必以天地为本，以阴阳为端，以四时为柄，以日星为纪，月以为量，鬼神以为徒，五行以为质，礼义以为器，人情以为田，四灵以为畜。"由此可见，古人在制礼的过程中把人与自然密切地融为了一体，人与自然和谐的理念可见一斑。

礼法自然还表现在古人制礼对自然时令的重视上。昔先王之制礼，必顺天时，"礼，时为大，顺次之，体次之，宜次之，称次之"。《礼记·月令》作为一部"以四时为节律"的礼制，强调"春发夏长，秋收冬藏"，要求人们的生产、生活各当其节。在古代，遵循自然规则而制定的礼成为指导农业生产和人们生活的准则。《礼记·礼器》曰："礼也者，合于天时，设于地财，顺于鬼神，合于人心，理万物者也。""是故昔先王之制礼也，因其财物而致其义焉尔。故作大事必顺天时，为朝夕必放于日月，为高必因丘陵，为下必因川泽。"所以说，礼是最高的自然法则。

第二，礼以"立中制节"，协调人与自然的关系。《礼记·乐记》中说："大礼与天地同节。"意思是说，大礼与自然相节制。人类要真正实现与自然的和谐，仅有对人与自然关系的认识是远远不够的，还必须确立和实施一系列协调二者关系的实践措施和行为准则，来保证它们的和谐共存。人与自然关系能否和谐关键在于人类能否用理性战胜感性，能否抑制自己对自然天物索取的贪欲。

那么，节制欲望的有效手段，即通过"礼"的规范让人们做到"立中制节"。具体而言，"立中"就是追求中道与适中，做到无过无不及；"制节"就是克制与节度，运用理性，遵循规律。"立中制节"就是在人与自然的关系上要求人类对自然天物要"索取有度"，不"竭泽而渔"，重视自然的时令，遵循自然的规律，以实现自然界及人类社会的可持续发展。如成语"网开一面"就出于商汤仁及鸟兽的典故，后来孔子的"子钓而不网，弋不射宿"也是其仁爱思想在人与自然关系上的体现。

在《礼记·月令》中，先哲们将春、夏、秋、冬各季又分为孟、仲、季三个月，即将一年十二个月的自然生态，包括气候天象、川泽草木、鸟兽虫鱼等的变化特点和生长规律，都作了详细分析，要求人类的生产、生

活与自然生态规律相吻合、相协调，而且每一部分最后
都警示后人：若不按季节行政令，违背自然规律，破坏
生态环境，就会面临相应的惩罚和灾难。这些警示似乎
有点危言耸听，但当我们回顾当今世界由于滥砍滥伐森
林而造成生态破坏、洪水泛滥等现实，又不得不佩服古
人的深刻思维、生态智慧与远见卓识。

《礼记·中庸》用礼仪文化中两个最重要的范畴
"中"与"和"来作为构建和谐画卷的"经"与"纬"，
"中也者，天下之大本也；和也者，天下之达道也。致
中和，天地位焉，万物育焉"。这表明，当人类用"立
中制节"的准则使自己的行为达到"中和"时，天地就
各安其所，万物就发育生长，这样人与自然的和谐统一
就会成为现实。

第三，"礼"是实现"天人合一"的理想途径。 孔
子所讲的"天"，大都被赋予了道德意义，并且关注在
人与天的对接中人的主体能动性。先秦儒家推崇的自然
（道德）秩序表现在人与天之间建立一种具有普遍意义
的道德关系，体现出人的价值目的性。人能够通过自己
的德行感应上天，这就确定了中国传统文化的天人合一
是在道德基础上的合一，天人之合本质上是合德。儒家

对于"天人合一"的精神追求最终落实到了"礼"的重建与社会实践上，"礼"成了贯通天人的桥梁。通过建"礼"、遵"礼"、守"礼"，实现"人"与"天"相合，即人的品格、理想与自然精神的统一，人类社会的运动规律与自然法则的统一。

通过上面的阐述，我们可以看到，"礼"是建立在自然关系基础之上的，是自然的血缘亲情伦理化并被推广的结果，是以"自然秩序"向社会秩序建构的演进，从"天之道"变成"人之道"。

所以说，"礼"是以天地之理派生出人伦之义。

二、礼，经国家、定社稷、序民人，是治国安邦之器

礼，既是人们的行为规范，又包括政治制度。儒家在国家治理中，主张德治和礼治。礼治其实是隐性的法治。在中国文化中，制定一套符合道德理性的国家制度即为"制礼作乐"；如果好的制度遭到破坏，那就是"礼崩乐坏"。礼是经邦治国的大法，《礼记·礼运》说："礼者，君之大柄也。"《礼记·经解》说："礼之于正国也，犹衡之于轻重也，绳墨之于曲直也，规矩之

于方圆也。"这段话的意思是说，礼对于统治国家的作用，就如同秤对于度量轻重，墨斗墨线对于测量曲直，圆规方尺对于画方角圆圈。孔子曰："安上治民，莫善于礼。"意为，孔子说："使君主安心，治理百姓，没有比礼更好的。"《礼记》把礼比作治国的衡、绳墨、规矩，礼是治理国家和人们行为的标准和规范。

《礼记·缁衣》中说："子曰，夫民，教之以德，齐之以礼，则民有格心；教之以政，齐之以刑，则民有遁心。"意思是，孔子说："人民，如果用道德来教化他们，用礼义来统领他们，那么，人民就会向善，有进取之心；如果用政令来教训他们，用刑罚来整顿他们，那么人民就有逃避罪责之心。"

春秋的时候，鲁国有个人叫公西赤，字子华。有一次，他侍立在孔子的身边，当时大家正在谈论个人的志愿，子华就说："我希望能学习宗庙里的事务，就像诸侯大夫在聚会时，我穿玄色的礼服，戴章甫的帽子，替他们做那个小小的司仪赞礼的人。"

孔子听他说得很谦虚，就说："如果连公西赤都算是小小的，那么我就不知还有什么算是大大的了。"

子贡接着说："整齐端庄又能严肃，立志好道又有礼法，在两个诸侯会面之时，笃实文雅又有节制，这就是公西赤的行为。"

孔子听完对众人说："你们如要学习迎接宾客的礼仪，公西赤就是你们最好的榜样。"

古人将司礼人员的职务看得非常神圣，因为他们尊礼重礼。古人认为尊礼重礼的人才能守礼，守礼的人才能守秩序，才会遵守法律规定。因此，《论语·为致》中孔子说："道之以政，齐之以刑，民免而无耻。道之以德，齐之以礼，有耻且格。"意为：以政令来教导，以刑罚来管束，百姓免于罪过但是不知羞耻。以德行来教化，以礼制来约束，百姓知道羞耻还能走上正途。所以要治理好一个社会，改善社会风气，执政者的观念一定要改变，首先要教育人民遵守礼法。

荀子说："犹绳墨之于曲直也，犹规矩之于方圆也，既错之而人莫之能诬也。"（《荀子·王霸》）荀子将礼譬作治国的绳墨、规矩，礼是治国的准绳，是"法度之通名"。

《礼记·曲礼上》说："道德仁义，非礼不成，教训正俗，非礼不备。分争辩讼，非礼不决。君臣上下，父子兄弟，非礼不定。宦学事师，非礼不亲。班朝治军，

莅官行法，非礼威严不行。祷祠祭祀，供给鬼神，非礼
不诚不庄。是以君子恭敬、撙节、退让以明礼。"

　　这段话的意思是说，道德仁义，若没有礼就不能
实行、完成；教导训诫、端正风俗，若没有礼就不能完
备；分辨争讼，若没有礼就不能决断是非曲直；君臣上
下、父子兄弟之间，若没有礼就不能确定尊卑名分；为
学习做官、学习道艺而侍奉师长，若没有礼就不能亲近
和睦；上朝按官位依次排列、治理军队、做官在位、执
行法令，若没有礼就没有威严，一事无成；无论特别的
祭祀还是定期的祭祀，供奉鬼神时，若没有礼就不能虔
诚庄重。因此，君子抱持恭敬、节制、退让的态度，以
彰显礼。

　　《礼记》在这里强调礼在端正风俗、处理争讼、确
定尊卑、治理军队、祭祀鬼神中的作用，如果没有礼，
一定是混乱不堪、一事无成的。

　　礼，具有序人伦的功能。《礼记·曲礼上》曰："夫
礼者，所以定亲疏、决嫌疑，别同异，明是非也。"这
就是说，礼，是用来决定亲疏、判断嫌疑、分辨异同、
明辨是非的。在人与人的交往中，对不同的人应采取什
么样的态度、方法、举止、言谈都是礼所规定的内容。

礼，可以区分尊卑上下，使人伦关系井然有序，没有礼，一切都会乱了套。

礼，还是未来我们建设"大同世界"的伦理要求。《礼记·礼运》中，描绘了"天下为公"的大同世界的理想蓝图。

《礼记·礼运》说："大道之行也，天下为公，选贤与能，讲信修睦。故人不独亲其亲，不独子其子；使老有所终，壮有所用，幼有所长，矜、寡、孤、独、废、疾者，皆有所养；男有分，女有归。货恶其弃于地也，不必藏于己；力恶其不出于身也，不必为己。是故谋闭而不兴，盗窃乱贼而不作，故外户不闭。是谓大同。"

这段话的意思是说，在大道施行之时，天下为人们所共有，将品德高尚的人、能干的人选拔出来，在社会上营造讲求诚信、相互和睦的氛围。所以人们不仅仅奉养自己的父母，不单单抚育自己的子女，而是要使所有的老年人能终其天年，中年人能为社会效力，幼童能顺利地成长，使老而无妻的人、老而无夫的人、幼年丧父的孩子、老而无子的人、残疾人、生病的人都能得到供养，使男子有职务，使女子有归宿。对于财货，人们憎恨把它扔在地上的行为，却不一定要自己私藏；人们都愿意为公众之事竭尽全力，而不一定为自己谋私利。因此，奸邪之谋不会发生，盗窃、造反和害人的事情也不会发生。所以，人与人之间的隔阂也就不存在了，这叫作大同世界。

儒家所描绘的大同社会理想，读来让人热血沸腾，谁也不得不承认，大同是人类有史以来最美好的社会理想。但与"大同"相比，"小康"则有很大的现实性。《礼记·礼运》用很大的篇幅讨论"礼"在社会生活中的运行和运作，就是要具体实现"小康"的理想目标。

关于"小康"之世的社会特征，《礼记·礼运》曰："禹、汤、文、武、成王、周公，由此其选也。此六君子者，未有不谨于礼者也，以著其义，以考其信，著有过，刑仁讲让，示民有常；如有不由此者，在势者去，众以为殃。是谓小康。"

这段话的意思是说：大禹、成汤、文王、武王、成王、周公，就是这样的时代里产生的杰出人物。这六位杰出人物，没有一位不是谨慎地据礼行事的。他们当政时，用礼来表明道义，考查诚信，辨明过错，效法仁爱，讲求谦让，向民众昭示做人行事的常规。如果有人不遵守这种礼法常规，即使有权有势，也要撤职去位，民众视之为祸害。这就叫作小康世界。

小康社会中"为国以礼"，人人都"谨于礼"，受到礼的节制和约束，社会中有普遍的礼的自觉意识，礼已经成为社会关系的常道。小康社会是一个协调和谐的社会，大同社会则是最协调、最和谐的社会。儒家对社会和谐的追求，其目标就是要建立一个从小康到大同的理想社会。如果有"圣人"出现，以仁爱为本，以礼仪为柄，让礼制和礼仪在整个社会生活中充分地运作，最后整个社会就会达到"至顺"的大同境地。

我们今天重新审视儒家这些理想，很明显，"大同"理想主要是一种道德理想，"小康"理想主要是一种礼制理想。礼制理想以道德仁义为基础。尽管这些理想在当时的历史条件下不可能真正实现，但它既具体勾画出了理想社会的蓝图，成为批判现实的一面镜子和理想尺度，也成为面向未来、推动社会进步的一种精神力量。因此，它在中国社会文化思想发展中，产生了深刻的历史作用，一些进步思潮和社会力量都曾从中汲取营养来表达自己的进步要求与革命理想。"为万世开太平"，实际上是中华民族共同的精神追求。

在上文的描述中，我们可以清楚地知道"大同世界"表现为重建礼乐秩序之后社会所达到的理想的和谐状态。

首先,"大同世界"是一个秩序和谐的社会,引文中提到的"讲信修睦",说的就是人与人之间的和谐共处、社会秩序的稳定。人们彼此之间和谐友爱,"不独亲其亲""不独子其子""老有所终""壮有所用""幼有所长""矜、寡、孤、独、废、疾者,皆有所养"。如此扩展开来,一个国家,乃至整个"天下"也自然是充满仁爱的和谐世界了。

其次,"大同世界"是一个礼治社会。礼是维系社会秩序的纲纪。所谓"选贤与能,讲信修睦。故人不独亲其亲,不独子其子;使老有所终,壮有所用……"即体现出先秦儒家五伦道德关系中的父子、兄弟、夫妇、朋友关系,而"选贤与能"更是让我们联想到一种理想的、温和的、非强制的人伦关系。在一个存在结构分工的社会中,"礼"是家庭关系、社会关系、政治关系的核心,通过"礼"对人们的角色、身份、地位进行澄清和正名,对人与人之间的关系、对人们的行为进行规范和要求。这就是所谓的"非礼无以辨君臣、上下、长幼之位也,非礼无以别男女、父子、兄弟之亲,昏姻、疏数之交也"（《礼记·礼运》）。

最后，在"大同世界"之后的"小康社会"中，《礼记》反复强调了"礼"对于维护和稳定国家秩序、人伦关系的重要性。"礼义以为纪，以正君臣，以笃父子，以睦兄弟，以和夫妇，以设制度，以立田里，以贤勇知，以功为己，故谋用是作而兵由此起。"《礼记》在这里强调序人伦在治理国家、社会中的作用。

在"大同世界""小康社会"展现的人们和乐融融、关爱彼此的和谐画面中，我们不难发现，人们在认同和遵守"礼"所规定的各种社会关系及行为规范时，并非无奈地屈从，而是一种情感的归服，这也是先秦儒家把秩序重建与礼乐文化联系在一起的原因。他们尤其重视秩序重建的内在精神价值，特别强调礼乐需以"仁"为精神内涵。孔子曰："人而不仁，如礼何？人而不仁，如乐何？"

三、礼，"人之大端"，是人生的法度和立身之本

《礼记·冠义》云："凡人之所以为人者，礼义也。"人所以成为人，是因为有礼义。礼，是人立身处

世之本。

　　人是社会化的人，人类的社会化生活从哪里开始，道德就从哪里开始。人的社会化生活是礼的道德属性的本源，有了人的社会化生活，也就有了道德化的礼。礼的道德属性往往需要通过具体的礼仪活动表现出来，而这些礼仪本身就是为道德而设，为达到礼义的精神而设，这是礼仪的价值和意义所在。

　　对于生活在社会中的人们来说，道德是世代相传的，按照礼的精神，在具有一定交往关系的社会成员间应该处于一种互相尊重、互相爱护、互相帮助和互惠互利的和谐状态。这从古代的冠礼、婚礼、丧礼、祭礼、射礼、乡礼、朝礼、聘礼等各种礼仪所包含的教化功能中充分体现出来。它对人们来说最初是一种道德律令，最终固化为自我约束的社会生存原则和人际交往原则。

　　作为家庭或者社会的成员，每个人都充当着多重角色，人的社会化生活就是从单一角色向多重角色转变的过程。同时，作为人与人之间交往原则的礼，对于不同的社会阶层、社会角色和社会关系，有着不同的规范和准则。所谓"礼仪三百，威仪三千"，它的每一项礼仪都与社会生活休戚相关，从生到死，从物质生活到精神生活，从衣食住行到喜怒哀乐，都在礼的掌控之内、设计之中。

正因为人们的多重角色，使得道德修养也表现出多面性和多层次性。对于如此繁杂的礼仪，历代有着不同的划分，有的将其概括为吉礼、凶礼、军礼、宾礼、嘉礼"五礼"；有的分为冠、昏、丧、祭、乡、相见"六礼"；有的总结为丧、祭、射、御、冠、昏、朝、聘"八礼"；甚至还有的分为冠、昏、朝、聘、丧、祭、宾主、乡饮酒、军旅"九礼"。事实上，"五礼"是以国家为主体而行者，至于"六礼""八礼""九礼"之说，特别是《仪礼》所记载的贵族生活节庆仪式的礼仪规定，可以说几乎全部属于人生旅程与人际交往的仪式和仪文。这些关于礼的分类论述，强调重点都是生活中不同层面和不同维度的仪节规范。所以，依照今人的分类方法，我们可以将其归纳为家庭伦理礼仪、社会伦理礼仪和政治伦理礼仪三种。

儒家注重君子人格的养成，君子之教是成德之教，其目的是培养君子，成圣成贤，其方法是用礼乐浸润身心，以自我教育与调节性情心理为主，其功能在于改善政治与风俗，其特点是不脱离平凡生活，是知行合一、内外合一的体验。在当代建设现代公民社会,培养自由人格的过程中,尤其需要调动儒家修养身心与涵养性情的文化资源。忠信是礼的基本精神,义理则是规矩仪式。

首先,礼是人之所以成为人的主要标志。

人与禽兽的区别究竟何在?有人说:人能说话,而动物不行。《礼记》批评了这一说法,指出了人与动物区别在于"礼"。《礼记·曲礼上》说:"鹦鹉能言,不离飞鸟;猩猩能言,不离禽兽。今人而无礼,虽能言,不亦禽兽之心乎?夫唯禽兽无礼,故父子聚麀(yōu)。是故圣人作,为礼以教人,使人以有礼,知自别于禽兽。"这里讲的麀是牝鹿,泛指雌兽。其意思为:鹦鹉虽能说话,终究不过是一种飞鸟;猩猩虽能说话,终究不过是一种禽兽。而今要是作为人却没有礼,虽然能够说话,不也还是禽兽之心吗?只因禽兽不知礼,所以父子与同一雌兽交配。因此,圣人兴起,制定礼法来教导人,使人从此有礼,知道把自己与禽兽区别开来,人也远离了禽兽。《礼记·冠义》说:"凡人之所以为人者,礼义也。"古代的圣人提出,为礼以教人,使人以有礼,知自别于禽兽。懂得用礼来修身,就可以成为一个有理性、有修养的人。

其次，礼是道德修业的阶梯。

礼，是做人的根本，没有礼，不可能成为真正意义上的人。人有礼，则会安定平和，无礼则会危险。富贵的人知道喜好礼，就能不骄奢淫逸；贫贱的人知道喜好礼，心志就能够不怵惕疑惑。可以说，人因勤劳而富，因礼而贵。只有在富贵的时候和贫贱的时候都懂礼、守礼，这个人才是健全的人，才是有修养的人。

《礼记·祭义》曰："君子曰：'礼乐不可斯须去身。'致乐以治心，则易、直、子、谅之心油然生矣。易、直、子、谅之心生则乐，乐则安，安则久，久则天，天则神。天则不言而信，神则不怒而威。致乐以治心者也。"这段话是说，君子说："礼乐一刻也不能离开自身。"深入体会用礼来修养心性，那么平易、正直、慈爱、诚信的心性就自然而然产生了。产生了平易、正直、慈爱、诚信的心性，就会感到喜乐；内心感到喜乐，就能使心灵安定；心灵安定，就能使生命长久；生命长久，就能通达天理；通达天理，就能出神入化。通达天理，不用说话就令人感到诚信可靠；出神入化，不需动怒就令人感到威严庄重，这就是深入体会用乐来修养心性。

《礼记·礼运》曰："故礼义也者，人之大端也，所以讲信修睦而固人之肌肤之会、筋骸之束也；所以养生、送死、事鬼神之大端也；所以达天道、顺人情之大窦也。故唯圣人为知礼之不可以已也，故坏国、丧家、亡人，必先去其礼。"这段话是说，所以，礼义是做人的重大事项，是用来奉养生者、葬送死者、敬奉鬼神的大事项；是用来贯彻天理、顺应人情的巨大渠道。所以，唯有圣人知道礼是不可以废止的。凡导致坏国、败家、毁人的大祸必定是由于人们首先抛弃了礼。

《礼记·礼运》强调礼对于人的人格成长的重要性。礼的功用首在治理人情。"故圣王修义之柄、礼之序，以治人情。故人情者，圣王之田也，修礼以耕之，陈义以种之，讲学以耨之，本仁以聚之，播乐以安之。"这里强调礼为义之实，义为仁之节，仁为义之本，肯定"治国不以礼，犹无耜而耕也；为礼不本于义，犹耕而弗种也；为义而不讲之以学，犹种而弗耨也；讲之于学而不合之以仁，犹耨而弗获也；合之以仁而不安之以乐，犹获而弗食也；安之以乐而不达于顺，犹食而弗肥也"。即指治理国家而不用礼，就好比没有未耜而要耕田。制礼而不以义为根本，就好比耕了田地而没有播种。制礼能以义为本而不深入讲学明辨是非，就好比播了种而不进行锄草培苗。进行讲学探讨，而未能用仁爱合聚众心，就好比锄草培苗而没有收获。能用仁爱合聚众心而未能通过音乐陶冶使人心安神适，就好比收获了粮食而没有吃用。做到了愉悦心安而未能达到习惯顺应，就好比吃了粮食而未能肌肉丰满。

《礼运》对于人的界定，如前所述，是把人放在天地之中的。尽管人是天地之最贵者，但人是具有终极信仰的人，是在自然生态序列中的人。同时，人又是治理的主要对象，这里对人的界定，是以礼义、仁德为中心的，而人应当是有道德的人。这里也强调了治国之本，正是礼，而礼的规范中，重要的是道德仁义的精神。

最后，礼是序人伦，调节人际关系的准绳。

任何人都处于复杂的社会网络体系中，没有孤立存在的人。儒家把复杂的社会关系归纳为君臣、父子、夫妇、兄弟、朋友这五种，称为"五伦"或者"五常"。只有处理好五伦关系，社会才是和谐的。而处理五伦关系的规则就是礼。此时有相见礼，教人如何互相尊重、礼尚往来；又有乡饮酒礼和乡射礼，教人怎样敬老尊贤，序齿序爵，立德正己。人死了，则有丧礼，教人如何处理亲人的遗体、奉祀亲人的精神，怎样慎终追远，使民德归厚。如此绵延一生、伴随一世的教育和学习，寄寓着丰富的道德理念和礼文化的深厚智慧。

人从呱呱落地到入学，从入学到长大成人，从娶妻到为官从政，从听命于人到指挥他人，从伺候他人到离不开他人的供养，每一个阶段都是自立的过程。从立身、立志、立家、立业到立德、立言、立名、立人，一切都在一个立字之中，而学礼就是立的根本。

礼是从小就应该培养起来的习惯，正如修身不是一朝一夕就可以完成的，礼需要用一生去学习和践行。它是通过个人所处的家庭、社会的熏陶和教育，以及仪式的洗礼，逐渐形成的。它是一代一代传承、被社会所认同和维护的一种道德律和道德心。

在漫长的一生里，我们该如何立身，如何学礼呢？

所谓立身，即确定自己的身份，礼是确立自己身份的一个尺度。每一个人出生，不仅仅是属于他个人的一个自然人，还属于一个家庭、一个家族、一个城市，甚至一个国家和一个民族。我是谁？是人之子，或人之女，是人之兄、人之弟，或人之姐、人之妹，将来还要成为人之夫或人之妻，人之父或人之母，所以立身就是确定其家庭身份和社会身份，即在家庭和社会上应该扮演的角色。家庭身份是一个人天生就有的，不存在选择和创造，只有如何扮演好既定的角色和尽好相应的义务；社会身份就大不相同了，可以扮演的空间极大，机会也极多。因此，立身之成败，重在社会身份上的区分。

作为礼的忠实践行者的孔子，在《论语·为政》中说："吾十有五而志于学，三十而立，四十而不惑，五十而知天命，六十而耳顺，七十而从心所欲，不逾矩。"

一个人从小到大的成长过程，其实就是一个逐步扩展自己世界的过程，逐渐由家庭走向家族，由家族走向社会，由社会走向国家。一个人随着阅历的增长、眼界的开阔，所需要接触的、学习的礼也就越多。没有一个人能够陪伴自己走完生命的整个过程，但是自小注入生命记忆的东西却一直影响着思维和行动。礼的每一个细节，人们很难完全学会和做到，但是一旦通晓了礼的精神，会让人对其每一个细节都运用自如。

虽然《礼记》中规定的许多礼仪基本已经不适用于现代生活和现代人，但礼毕竟是对自然之理的模仿，每一个礼仪中所蕴含的精神则是一个人安身立命所必须要遵守的。

《礼记·大学》中说："古之欲明明德于天下者，先治其国；欲治其国者，先齐其家；欲齐其家者，先修其身；欲修其身者，先正其心；欲正其心者，先诚其意；欲诚其意者，先致其知；致知在格物。物格而后知至，知至而后意诚，意诚而后心正，心正而后身修，身修而后家齐，家齐而后国治，国治而后天下平。""自天子以至于庶人，壹是皆以修身为本。"

这里的修身之道就在于习礼，修身是学礼的根本。要成为道德高尚的君子，就一定要用礼来修身，成就自己的风范，所以《左传》说："礼，身之干也。"

第三讲　礼，蕴含着中华人文精神

礼是中华民族文明的标志，是社会文明进步的标尺。它与中华人文精神互为表里，是仁爱、友善、恭敬的道德精神的展现，为此，讲"礼"必须弄清礼的终极目标、核心精神及本质特征等问题。现在有的地方举办礼仪讲座，老师更多的是讲具体的行为规范，这是很有必要的，但仅停留在怎么做而不明白为何要这样做，是不够的。为此，要领悟《礼记》中礼背后的核心精神和文化意蕴。

一、礼的主旨是"和"

礼的终极目标，即主旨是什么，用一个字来概括就是"和"——促进人的身心和谐、人际和谐，最终达到全社会的和谐。

《礼记·儒行》云："礼之以和为贵，忠信之美，优游之法，举贤而容众，毁方而瓦合。"

意思是说，礼之效用，以和为贵。忠信是礼的本质，故而儒者以忠信之美德为本，以优柔之方式为则，举荐贤能且能包容众人，有时亦削己之"圭角"，以合众人之"圆和"，有如房瓦之叠合。

《礼记·中庸》云："喜怒哀乐之未发谓之中；发而

皆中节谓之和。中也者，天下之大本也；和也者，天下之达道也。致中和，天地位焉，万物育焉。"

意思是说，人之喜怒哀乐尚未表现出来，叫作中；表现出来而又处处合乎规范，叫作和。中，是天下的最大根本；和，是天下的普遍规律。达到了中和，天地运行有条不紊，万物则健康地发育生长。

《礼记·乐记》云："中正无邪，礼之质也。"在这里，"中"为行之无过无不得，"正"为立之不偏不倚，这就是礼的本质。

如果说"和"是中国传统文化之心，那么"礼"则是中国文化之义，两者相辅相成。这里所谓的"和"即是强调按照礼仪去处理人际关系，这样才能使人与人的关系和谐一致，最终达到人与自我、人与人、人与自然和谐的理想境界。在中国儒家文化中，礼不仅是修身的工具、修心的阶梯，而且是维持社会和谐有序的法宝。因此，我们学习和遵循礼，也并不仅仅是养成守礼的习惯而已（这些不过是礼的外在表现形式），而更重要的是，通过学习和遵循礼去体悟和践行礼文化中"和"的精神，将礼文化的实质内化到自己的精神，从而提高自己的人生境界，达到从内到外的和谐。

　　朱光潜曾在《乐的精神与礼的精神》中说，"和"是个人修养和社会发展的一种胜境，而达到这种胜境的路径是序。礼的最大作用即追求和谐，使其各得其所，各得其序。所以，"礼之用，和为贵"这句话，可以说是儒家"以和为美"的礼学哲学的最明确注脚。

　　在中国古代的经典论述中，和的基本含义是和谐，古人重视人的自我身心的和谐、人与自然的和谐，更特别注重人与人之间的和谐。一个"和"字，可以生发出许多美好的词语，比如和睦、和气生财、一团和气、和和美美等。有这么一个讲述了通过礼让达到人际关系之和谐的故事：

　　清朝有一名官员叫张英，在京城做高官。有一次，老家的亲人盖房子，同邻居争一个过道的墙位，邻里相持不下，各不相让。于是，这家人就写信给这位京城里的大官，想借其权位压服对方。家人本以为他会为家里人撑腰，谁知道张英看完这封信之后十分愧疚，主动让家人让出了三尺过道。同时，邻居看他们这么做，也自感羞愧，让出了三尺，形成了今天的"六尺巷"，被后人所称道和赞美。

这封信是这样写的：

千里家书只为墙，让人三尺又何妨？

长城万里今犹在，不见当年秦始皇。

争执并没有因为权势而得到激化，相反，矛盾因为礼让而得到了化解，最终邻里和睦，达到了和谐的状态。

"礼之用，和为贵"，可以说是大多数中国人的人生信条。中国人都讲"面子"，这是知荣辱的表现。许多人之所以花费那么多的时间和精力去照顾面子和礼数，归根结底，是要在人际关系中营造一种和谐的氛围。讲礼节、懂礼数是一种策略和手段，达到和谐才是宗旨，才是大原则。礼节不过是权宜之计，和谐才是长久之计。"和敬""和平""和谐"是中国传统文化中极为重要的思想范畴，它的立足点在于社会的稳定和协调，并直接影响着中国人的思想方法和处世观念。

"和为贵"是对"礼之用"的陈述，离开"礼之用"，就不可能理解"和为贵"，不可能把握"和"的含义。

　　"和"不但要遵守有序之原则，而且要遵守礼义；"礼"必须合乎中庸的标准，反之会使人的言行走向反面。《礼记·仲尼燕居》记载了孔子与其弟子子张、子贡、言游等讨论礼的言行，孔子说："敬而不中礼谓之野，恭而不中礼谓之给（滑头），勇而不中礼谓之逆。"子贡问："敢问将何以为此中礼者？"子曰："礼乎，夫礼所以制中也。"在这段话里，孔子告诉弟子："虔敬而不合乎礼，叫作土气；谦恭而不合乎礼，叫作巴结；勇敢而不合乎礼，叫作乖逆。"子贡问："请问怎样做才能做到合乎礼呢？"孔子说："礼吗？礼，就是用来节制行为，使之适中的。"一方面，礼可以达到和的境界；另一方面，和则是礼的要求。在这里，礼与和互为表里，礼的作用是和，而和也是维系礼的重要手段。

　　因此，在崇"和"的精神统照下，礼文化成为和谐社会的精神养分渗透在中国社会的各个角落之中，维持着人际关系的和谐、和乐。而构成"礼"核心内容的分别是理、义、信、敬。这四者就像四根柱子一般，支撑着礼的大厦，使其屹立不倒。

二、礼的本质是"理"

"礼"音通"理"，即合乎理的行为准则。"理"即义理、道理、规律。礼，要合理，即倡导任何礼节都应从百姓的实际生活出发，符合社会进步的要求，符合天地运行的规律，符合人道理性。这才是真正的讲礼之道。

西周建国后不久，周公姬旦受封于鲁国，太公姜子牙受封于齐国，由于周公需在朝摄政辅佐年幼的周成王，故派其儿子伯禽代其受封鲁国。太公姜子牙到齐国之后，才五个月就回去汇报政务。周公问道："你为什么这么快就回来？"姜子牙说道："我大大简化了原有的君臣礼仪，当地的一切也依从其原本的风俗去做，所以回来得这么快。"而受封于鲁国的伯禽，三年后才回朝向周公汇报政务。周公问道："你为什么回来得这么晚？"伯禽回答道："我在变革当地风俗和礼仪，使之像周礼一样规范周到，比如寻常百姓父母死后也要服丧三年等，因此花费了很多功夫，到这时候才来报政。"周公听了伯禽的话后，长叹道："鲁国后世必定会臣服于齐国。政治礼仪如果不简要平易，民众就不愿意接近、信服。只有一切礼俗平易近民，民众才会归附。"果然，后来的齐国在姜子牙这种国策的治理之下慢慢地发展成强国，而鲁国由于过多的繁文缛节而日渐式微，被迫臣服于齐国。

《礼记》云："礼，天之经也，民之行也。"意思为礼是天地之道，是民众的行为。礼是从人民的日常生活中衍生出来的，源于生活习俗，既不能任意变革使人无所适从，也不能僵化、教条，不随时世的变而变，使之与时代脱节，与人们的生活格格不入。《礼记》认为礼过于烦琐就乱，伯禽一味复古，繁杂的礼仪让鲁国民众难以适应，结果鲁国没落到只能依附于强国的境地。

《礼记·曲礼上》云："修身践言，谓之善行。行修言道，礼之质。"意为修养自身，实践所言，叫作善行。行为有修养，说话合乎道理，这是礼的本质。

《礼记·礼器》云："先王之立礼也，有本有文。忠信，礼之本也；义理，礼之文也。无本不立，无文不行。礼也者，合于天时，设于地财，顺于鬼神，合于人心，理万物者也。"

这段话的意思是说，先王制定的礼，既有内在的实质，又有外在的形式。忠信，是礼仪的内在实质；义理，是礼仪的外在形式。没有内在的实质，礼就不能成立；没有外在的形式，礼就无法施行。礼上合于天时，下合于地利，顺于鬼神，合于人心，顺于万物。

中国传统礼学的最大贡献在于它从哲学的角度初步确立了礼是宇宙万物所固有的合理的存在方式。《礼记》说，"礼也者，理也"，"礼也者，理之不可易者也"。《礼运》说："夫礼，先王以承天之道，以治人之情。故失之者死，得之者生。"又说，"礼者，天地之序也"。还说，"凡礼之大体，体天地，法四时，则阴阳"。礼法自然，礼掌握的是天地间的秩序，服从和效法的是自然的法则，天地一体，因此能够成为权衡人世间规范的基准。

古人也正是从自然之理中得到启示，从而引申出社会之理并制定出了相关的礼仪规则。人类社会中的各种伦理关系也都是对自然之理的效法，而礼是人类在社会生活中辨别是非曲直的标准，而这种带有标准性质的"礼"，实质上是宇宙间固有的"物之理"在人类社会中的运用。所以《礼记·仲尼燕居》说："礼之所兴，众之所治也。礼之所废，众之所乱也。目巧之室，则有奥阼；席则有上下，车则有左右；行则有随，立则有序，古之义也……辨贵贱、长幼、远近、男女、外内，莫敢相逾越，皆由此涂出也。"

在中国古代圣贤看来，"礼"是人之所以为人的标志，是人成为人的本质，正如古希腊所说的"理性"一样。

事实上，礼作为人类行为的规范和准则，从制礼的角度讲，它是人类理性的产物、智慧的结晶；从行礼的角度讲，它是人用自己的理智对情感与行为的合理约束，是对人性的升华。古人认为礼是基于人性和人情而制定的，礼"因情而作"，但情又要"受制于礼"。礼的功用就是制约和控制"灵魂马车"中那匹"受感情和欲望驱使的顽劣、骄横、不听使唤的马"。

古人运用"天人合一"的宇宙观，通过从理到礼、从天理到人礼的逻辑推演，为制礼、行礼找到了理论依据。

在中国古代贤哲的心目中，"礼"与"理"是相通的，当人的行为能够符合常理、合乎事物本身的规律和必然性时，它也一定是合乎理性的，理是蕴含在礼之中，理是礼文化追求的"道"的重要内容。

三、礼的核心精神是"敬"

"一方水养一方人"，"入乡随俗"，中国常常出现

“十里不同俗”的现象。

礼随俗而变，礼的仪式散而为万殊，但有一个核心精神必须遵守，那就是“敬”。“敬”是礼的根本精神，这是千百年来制礼与行礼者的共识。《礼记·曲礼》曰："毋不敬，俨若思，安定辞，安民哉！"意为：永远不要对他人不敬！庄重地思考，谨慎地言语，这才是安民之道！《礼记》开篇就说“毋不敬”，这三个字开宗明义，指出“礼主于敬”。事实上，古人把礼分为吉、凶、军、宾、嘉五大类，五礼的实质无一不是通过礼的形式来表达敬的，夫妇亲敬，君臣尊敬，士与士恭敬，对父母的孝敬、对亲人的敬爱就更不用说了，哪怕亲人已经逝去，依然要保持敬意。礼以敬为主，敬是礼的核心，由这一个“敬”字，可以衍生出许多东西，就会有礼让。所以朱熹说，“毋不敬”是一部礼记的纲领，以至于后人在追溯礼学精神时，以为“经礼三百，曲礼三千，可以一言以蔽之曰：毋不敬”。唐人孔颖达说：“人君行礼，无有不敬，行五礼，皆须敬也。”就是说人君行吉、凶、军、宾、嘉五礼，都必须有恭敬之心。

“敬”是一种庄重严肃的心志，是对待人际关系和社会关系的一种认真诚实的态度。《礼记·乐记》："庄敬恭顺，礼之制也。"《礼记》指出，庄敬恭顺，这是礼的准则。"敬"在礼的实施过程中，虽然表现在行礼者言行举止的方方面面，折射的却是其内心的真实情感。因此，行礼时恭敬与否就成为判断礼的庄重程度及双方情感远近的重要标准。

"敬"与"礼"表面上看是相对独立的关系，二者事实上是互为表里的一体关系。"敬"的心态必须借助"礼"来体现，而"礼"的法则也必须依靠"敬"来推行。也就是说，有礼必敬，不敬则无礼。

"敬"是"礼"的灵魂。儒家一贯重视"敬"与"礼"的关系，并且强调真正的"敬"必须以发自内心的情感为基础。《礼记·曲礼上》云："夫礼者，自卑而尊人。虽负贩者，必有尊也，而况富贵乎？"这里的"敬"渗透着平等的成分，也就是说，作为礼的本质特征，尊敬的心态不因交际对象而异。同时，尊敬还必须是发自内心的真诚情感，若仅仅是装模作样、流于礼仪形式，就是虚情假意。

我们可以从对"敬"字的解读，去看"礼"的核心精神。

汉字的"敬"字，甲骨文为𠨍，金文为𢼊，甲骨文从羊，从下跪人，表示恭敬。金文加口，又加攴（手持棍），有督促其认真做事之意。篆文为敬，从苟，从攴。

《说文解字》说："敬，肃也。"本义为恭敬、端肃，认真做事。如《论语·学而》云："居处恭，执事敬，与人忠。"后延伸为敬重，有礼貌地奉上，如相敬如宾、敬而远之等。

敬，是礼的核心精神，孔子主张人在一生中应该敬业、勤奋、刻苦，为事业尽心尽力。他说："君子有九思：视思明，听思聪，色思温，貌思恭，言思忠，事思敬，疑思问，忿思难，见得思义。"敬的内容，包括敬天地、敬神祇、敬祖宗、敬父母、敬师长、敬事业、敬尊长等，敬是一种自我修养的方法，一种人生态度，也是处理人际关系的准则。

简体字中的礼，从示，从乚，"𠃌"形似一个跪着或弯曲的人形。"礼"最早是礼神，是以虔诚之心、恭敬之心去顶礼膜拜。古代祭祀的对象主要有天神、地祇、人鬼三类，祭品主要是牲畜和醴酒，要素包括礼法、礼器、礼仪等。"礼"源自祭神求福，所以要有崇敬之心。

　　宋代理学家杨时拜大儒程颐为师，有一次去拜见程颐时，见老师在厅堂里睡觉，他不忍惊动，便静静地站在门廊下等候。时值隆冬，瑞雪霏霏，杨时冻得发抖，但依旧恭敬地立在门外。良久，程颐醒来，发现杨时脚下的积雪已经一尺多厚了。这就是"程门立雪"的故事。杨时执弟子之礼甚恭，源于对老师的崇敬。他潜心研究和传播程氏理学，被当时学界推为"程学正宗"，也为后世树立了尊师重道的典范。

　　礼，只有出自恭敬之心所表现出来的才是真诚的。假如不是发自内心，必然是虚伪的、造作的。因此，孔子认为礼要以心意为重，远离奢靡。在《论语·八佾》中有这样一段话："林放问礼之本。子曰："大哉问！礼，与其奢也，宁俭；丧，与其易也，宁戚。"意为，孔子说："你问的问题意义重大，就礼仪的一般情况而言，与其奢侈，不如节俭；就丧事而言，与其仪式上治办周备，不如内心真正的哀伤。"《论语》说："祭如在，祭神如神在。子曰：'吾不与祭，如不祭。'"祭祀祖先就像祖先真的在面前，祭神就像神真的在面前。孔子认为，参加祭祀，心意才是最重要的。在孔子看来，奢靡浪费是一种越礼行为："奢则不孙，俭则固，与其不孙也，宁固。"孔子认为："奢侈了就会不谦逊，节俭了就会寒酸。与其不谦逊，宁可寒酸。"不谦逊即不守本分，也就越礼了。孔子的这一观点在今天非常有现实意义。在时下的乡村，葬礼往往办得很隆重，即使贫穷的家庭，也"打肿脸充胖子"，为了体面，借钱办葬礼，结果负债累累，其实是违背了"礼"的要求。孔子在礼仪上崇尚节俭的思想，对今天婚丧嫁娶的奢靡之风而言，不失为一剂清醒剂。礼的前提是敬，没有敬，礼不过是一种空的形式。那么，如何做到"敬"呢？

礼敬，要谦卑自奉，以恭敬之心待人。敬字，从苟，意为教戒，以自觉恭听，表示严肃、恭敬。因此，敬可以理解为通过教训督导改正不敬、不端正的行为，以达到端肃的要求。

清同治十一年（1872年）二月初四，晚清大儒、理学大家曾国藩用发抖的手指着桌子，那是他早已写好的遗嘱，床前站满了儿孙弟子。他当时生命垂危，即将离开人世，长子曾纪泽把纸展开，用颤抖的声音念道："余通籍三十余年，官至极品，而学业一无所成，德行一无可许，老人徒伤，不胜悚惶惭赧，今将永别，特立四条以教汝兄弟。一曰慎独则心安，二曰主敬则身强，三曰求仁则人悦，四曰习劳则神钦。此四条为余数十年人世之得，汝兄弟记之行之，并传之于子子孙孙，则余曾家可长盛不衰，代有人才。"

　　一纸遗嘱成就了曾氏家训，曾氏后裔遵守遗训至今，家门和顺，兴旺发达。曾氏之所以成功，皆是致力于"主敬存诚"的结果。

　　我们应该努力做到事事恭敬，时时恭敬，处处恭敬，敬人、敬事、敬物乃至一切恭敬，久而久之，我们的整齐严肃、聪明睿智都会生发出来。民国著名高僧印光大师也反复强调："欲得佛法利益，须向恭敬中求，有一分恭敬，则消一分罪业，增一分福慧；有十分恭敬，则消十分罪业，增十分福慧；若无恭敬而致亵慢，则罪业愈增而福慧日减矣。"又说："入道多门，唯人志趣，了无一定之法，其一定者，曰诚，曰恭敬。"佛法如此，世间各门学问也是如此。无论求学经商、学文习武等皆以"毋不敬"入门，又以"毋不敬"获得成就！

　　礼敬，应落实在今天孝道的实行中。现代社会中，一个突出的现象是对父母之"孝"，缺少"敬"字。孔子说："今之孝者，是谓能养。至于犬马，皆能有养。不敬，何以别乎？"这说明"孝"必须以"敬"为原则，不能像喂养犬马那样仅供给饮食，如果没有发自内心的敬爱，那么和养宠物有什么区别呢？孝，是从敬爱的情感中自然产生的，同时，表现为物质的照料和精神的关怀。

综上所述，从礼的嬗变及其所遵循的原则中，我们归纳总结出了礼的本质——理、义、信、敬，在这四者精神的统照下，制定出上至天子下至庶人的礼仪体系。

只要把握住了礼的精神和要义，无论时代如何变化，环境如何变迁，礼仪如何更迭，我们都能够秉承礼制之精神，健全礼仪之制度，这样就能更好地继承和发展礼文化中有价值的成分。

四、礼的基本原则是"谦"

礼的基本原则是"谦"。《周易》六十四卦，唯独"谦"卦六爻皆吉。谦虚就是"自卑而尊人"，尊重他人。

《礼记·曲礼上》曰："傲不可长，欲不可从，志不可满，乐不可极。"这就是说傲气不可滋长，欲望不可放纵，志气不可自满，享受不可超限。我们常说，人要有傲骨，但不要有傲气。一些有傲气之人，也是有痞气之人，"天下老子第一"，谁也不放在眼里，夸夸其谈，举止粗鲁，礼态尽失。

汉字的"谦"字，是一个形声字。《说文解字》中说："谦，敬也。从言，兼声。"意思是说，"谦"表达对他人的恭敬之情。"谦"，古同"慊""歉"。"谦（謙）"字左部的"言"，表示语言，跟人的言行有关。人际交往离不开语言，离不开表达和沟通。包容他人、谦逊待人，往往需要借助语言来表达。右部的"兼"是声旁，本义为手持两禾，含"并有"之意，现引申指兼顾、兼容、包容。"言""兼"为"谦"，可以理解为说话办事要兼顾各方、考虑周全、留有余地，不能目中无人、不计后果。《玉篇》："谦，逊让也。"意为谦虚、谦逊。

古人说："谦受益，满招损"，这个说法来源于《易经》。《易经·序卦传》说："有大者不可以盈，故受之以谦。""谦"卦的上卦为大有卦，人们生活富裕了以后，容易滋长炫富的现象，极尽奢侈，其结果是堕落。为此，"大有"之后是"谦"卦。《易经》把"谦卦"作为吉卦："谦谦君子，用涉大川。"《易·系辞》："谦也者，致恭以存其位者也。又，谦者，德之柄也。""谦"的特性是能容，作为品德来讲，则是德行忠厚。假如待人、待事、待物能做到谦虚，必然诸事顺利。谦逊对做人处世都很重要，关系到是否有和谐的人际关系，关系到个人学业、事业的进步。特别对于身居高位，有一定学问、一定财富的人来说，更为重要。古代先贤把"谦"作为做人的美德之一。

谦，符合天、地、神、人之道。《易经》谦卦《象辞》曰："谦亨。天道下济而光明，地道卑而上行。天道亏盈而益谦，地道变盈而流谦，鬼神害盈而福谦，人道恶盈而好谦。"在这里《易经》讲述了天地、神人之道。谦的卦象是地山谦，赞美山的品性，虽高而能低，但卑下之中，彰显其崇高。尊卑相对，自然世界天尊地卑，推而及之，人类社会君尊臣卑、父尊子卑、长尊幼卑，此处所言的"卑"并不是说卑鄙、卑微，而是指一种谦卑、谦让、尊敬的态度，是与"尊"相辅相成的。古代哲学讲求阴阳相融，处在卑位、低位的就是阴，处于尊位、高位的就是阳。阳生阴长，阳杀阴藏，故天地有常，日月以明，星辰以列，禽兽有群，树木有立。君子懂得遵循这些规律行事，不违背事物的本性，才能不拘于外物。故谦之卦辞说："谦亨，君子有终。"

　　梅兰芳是我国近代著名的京剧艺术家。他在五十余年的舞台生涯中，发展和提高了京剧旦角的演唱和表演艺术，形成一个具有独特风格的艺术流派，世称"梅派"，并先后培养、教授学生100多人。

　　中国戏剧在服装、道具、化装、表演上综合起来可以说是活动的水墨画，梅兰芳深知应该从绘画中吸取对戏剧有帮助的养料，于是研习作画并向一些绘画名家求教，其中包括齐白石，而齐白石又非常喜爱梅兰芳的戏剧。梅兰芳拜白石老人为师，虚心求教，总是执弟子之礼，经常为白石老人磨墨铺纸，从不因为自己是著名演员而自傲。梅兰芳将艺术、生活和兴趣融为一体，让中国传统书画走进戏剧，扩展了艺术领域，同时将原有的艺术壁垒打破，开创出新的出路，并将这种艺术样式传到了国外。

　　梅兰芳不仅拜画家为师，也拜普通人为师。某次在一大戏院演出京剧《杀惜》，演到精彩处，场内喝彩声不断。这时，从戏院里传来一位老者的喊声："不好！不好！"梅兰芳循声望去，是一位衣着朴素的老者。戏一下场，梅兰芳来不及卸装更衣就用专车把这位老者接到住地，待如上宾。他恭恭敬敬地对老者说："说吾孬者，是吾师也。先生言我不好，必有高见，定请赐教，学生决心亡羊补牢。"老者见梅兰芳如此谦恭知礼，便认真指出："惜姣上楼和下楼之台步，按梨园规定，应是上七下八，博士为何上八下八？"梅兰芳一听，恍然大悟，深感自己的疏漏，纳头便拜，称谢不已。以后每在此地演出，必请老者观看并请其指正，称他"老师"。

梅兰芳的谦虚大度，不仅使自己的艺术造诣更进一步，也使自己的德行操守胜人一筹，令人敬重。

谦，其品行是包容，善于兼听。所以，《易经》谦卦《象辞》曰："君子以裒多益寡，称物平施。"意思是说，谦谦君子善于损有余而补不足，使万物之道公平自然。正所谓"草木有情皆长养，乾坤无地不包容"，这是说大自然的包容。包容就是和谐，就是与万物同生长。

尊者，特别是身处高位的为政者，地位越高，头脑越要清醒，越要懂得尊重群众，保持兼听谦逊的美德。只有这样，才会站在群众的立场设身处地地为群众办事，才会把群众的利益放在首位，才能得到群众的认可，路也才会走得更远、更宽。相反，假如目中无人、骄横跋扈，就会独断专行、脱离群众。

《战国策·齐策一·邹忌讽齐王纳谏》一文记载了战国时期齐国谋士邹忌劝说齐威王纳谏，使之广开言路、改良政治的故事。

邹忌身材修长，仪表堂堂，照着镜子颇为自得。他先后问妻子、侍妾和客人，自己和齐国有名的美男子徐公相比谁更"美"。妻、妾和客异口同声地认为他比徐公美。邹忌亲自见到徐公后才知道，自己远不如徐公美。妻、妾和客显然出于各自特殊的原因，邹忌暮寝而思之曰："吾妻之美我者，私我也；妾之美我者，畏我也；客之美我者，欲有求于我也。"（邹忌晚上躺在床上休息时思考这件事，说：我的妻子认为我美，是偏爱我；我的妾认为我美，是害怕我；我的客人认为我美，是有事情求于我。）邹忌想到齐威王的处境其实如自己一样，于是入朝向齐王进谏。

邹忌向齐威王讲自己的切身体会，用类比推理、推己及人的方式讲出"王之蔽甚矣"。他先叙述了妻、妾、客蒙蔽自己的原因，再从自己的生活小事推及治国大事，说明齐威王处于最有权势的地位，因而所受的蒙蔽也最深。

齐威王虚心接受了邹忌的谏言，立即发布政令，悬赏求谏，广开言路，对于关心国事、积极进谏者，分不同情况给予奖赏。

齐威王纳谏之后，齐国果然发生了可喜的变化。政令刚下达的时候，进谏的人"门庭若市"，说明在此以前，齐国确实有许多积弊。几个月之后，"时时而间进"，进谏的人明显减少了，说明最初的进谏已经取得了预期的效果，齐威王已经根据人们的意见，改革了弊政。一年后，"虽欲言，无可进者"，即使人们想进谏领赏，对齐国的政治已挑不出什么毛病了，说明齐威王已完全纠正了缺点和错误，齐国政治清明。

齐威王善于纳谏除弊，从而使齐国国势强盛，威震诸侯，"燕、赵、韩、魏闻之，皆朝于齐"。为君者广泛地听取多方意见，兴利除弊，修明政治，国力自然强盛，无须动用武力，自然就能征服他国，这就是所谓的"战胜于朝廷"。

财多位尊的人，身边总不缺阿谀奉承之人，而身边这些总是说"好话"的人，或者出于偏爱，或者出于有所求，但只有真正爱护你的人，才敢于指出你的不足和缺点。为此，必须以谦虚的态度待人，包容一些"刺耳"的话，"刺耳"的话才能改正自己的缺点。

　　谦，表现为谦逊礼让。"谦"，音通歉。"歉"往往表达内心的愧疚之情。《易经》谦卦《象辞》中说："谦谦君子，卑以自牧。" 真正的谦谦君子必定将自己放在一个很低的姿态，出口必定言辞恭敬，做事必定小心谨慎，善于自我反省。一个人如果言行恭敬谦虚，常怀歉意，主动谦让，那他一定是一个善于自我反省、追求上进的人。《象辞》曰："劳而不伐，有功而不德，厚之至也，语以其功下人者也。"这就是说有功而不自夸，不自以为有德，真是宽厚之至。那些有功却不居、甘居下位的人，就是谦的表现。古希腊哲学家苏格拉底说过："谦虚是藏在土中甜美的根，所有崇高的美德都由此发芽生长。"真正谦虚的人，从来不把自己提到很高的位置，从不向别人夸耀自己的功绩，由此，派生了内敛、进取、好学的美德。

　　新加坡国父李光耀卸任后依然受到国人的拥戴，可他从不认为自己高人一等，更不趾高气昂。无论是出席会议、参加活动，或是私下聚会，他都比继任者吴作栋先到，对吴作栋以礼相待。而吴作栋尊他为导师，对他说："您是长辈，又是我的导师，在非正式的场合，无须跟我拘礼。"李光耀却说："任何时候遵守礼仪都很重要，否则其他人可能因此误解我不尊重你这位总理，并且可能会跟着我这么做。我现在和所有退休的国民一样，不应该享受国家法律规定以外的任何权利，更不能有丝毫高于他人的思想和意识。"

谦虚是把自己的身段放低，其实这在他人看来形象更为高大。谦虚就像一个容器，内心谦虚，容量就大；内心骄傲，容量就小。越是伟大的人，说话越会把自己姿态放低。当吴作栋主动提出不让李光耀拘礼时，李光耀却强调遵守礼仪的重要性。他考虑的是若不拘礼，有人效仿，有损吴作栋的威望。

曼德拉说："创造和平的人不仅诚实、正直，更重要的是他们谦逊。"谦逊本身就包含着对他人的尊敬和褒奖。无论你在别人面前处于怎样的地位，保持谦逊，同样能赢得别人的尊敬。所以，尊者话低，反过来，话低也能在他人心目中成为"尊者"。

谦，见之于语言。一个谦虚的人，其语言是平和内敛的，甚至是卑下的。中国古代的许多谦词表现了崇礼尚谦的精神品格，如谦称自己的作品为"拙作"，儿子为"犬子"，家宅为"寒舍"；"僧人"自谦为"贫僧""小尼"等。谦虚的人语言往往委婉、恭敬、谦卑。可惜，当下许多人已经不愿意或不会有谦称，其修养与"谦"字相去甚远。

　　现代人要学会使用谦词和敬语。如：

　　请人原谅说"包涵"；

　　求人帮忙说"劳驾"；

　　向人提问说"请教"；

　　得人惠顾说"借光"；

　　归还物品说"奉还"；

　　未及迎接说"失迎"；

　　需要考虑说"斟酌"；

　　请人勿送说"留步"；

　　对方到场说"光临"；

　　接受好意说"领情"；

　　与人相见说"您好"；

　　问人姓氏说"贵姓"；

　　他人家宅说"府上"；

　　自己家宅说"寒舍"；

　　请改文章说"斧正"；

求人指点说"赐教"；

祝人健康说"保重"；

向人祝贺说"恭喜"；

老人年龄说"高寿"；

身体不适说"欠安"；

女士年龄称"芳龄"；

称人女儿为"千金"；

送礼给人说"笑纳"；

送人照片说"惠存"；

欢迎购买说"惠顾"；

希望照顾说"关照"；

请人赴约说"赏光"；

对方来信说"惠书"。

谦，还要学会尊重他人。《礼记·曲礼上》曰："夫礼者，自卑而尊人。虽负贩者，必有尊也，而况富贵乎?"《礼记》认为，所谓礼，就是自我谦卑而尊重别人，即使是挑担做买卖、扫地做清洁的人，也一定是值得尊重的，何况是富贵的人呢? 礼，就是尊重别人，尊重每一个人的人格平等，不论高低与贵贱、贫穷与富贵，一视同仁。

五、礼的规范与仪式是"宜"

《礼记·曲礼上》曰："礼从宜，使从俗。"这就是说礼仪要顺从时宜，出使要遵从他国的风俗。礼，要适义、适时、适地，要"入乡随俗"。

《礼记·礼器》曰："礼，时为大，顺次之，体次之，宜次之，称次之。"意为在行礼的时候，第一考虑的是要合乎时代环境，第二是合乎伦理，第三是区别对象而不同对待，第四是合乎人情，第五是要与身份相称。

从结构上看，礼可分为内在形态的"礼义"和外在形态的"礼仪"。如果说，"仪"属于礼的现象层面，那么，"义"则为礼的内在要求。

"礼"是协调各种关系以维护社会秩序的制度规范中所蕴含的基本精神和原则，"仪"则是体现这种精神原则的外在形式，二者相辅相成，具有统一性。"礼"要靠"仪"来体现，"仪"则必须贯彻"礼"的精神。"礼"没有"仪"的形式，就成为空疏的东西；"仪"如果脱离了"礼"的精神实质，只注重揖让周旋、章服制度等外在形式，也会失去其意义。所以孔子说："礼云礼云，玉帛云乎哉？乐云乐云，钟鼓云乎哉？"（《论语·阳货》)意为,孔子说:"我们说礼啊礼啊,难道只是在说玉帛这些礼品吗? 我们说乐啊乐啊,难道只是说钟鼓这些乐器吗?"礼要用"仪"去表现,但更重要的是行礼的人要有真实的情感,要符合道理、习俗。荀子作为先秦礼学的巨擘,深谙礼的本质,故在《荀子》一书中,"礼义"二字常常连用,且使用频率非常高。

"礼"作为精神实质层面要求达到的"宜"是"义"。《礼记·郊特牲》云:"礼之所尊,尊其义也。失其义,陈其数,祝史之事也。故其数可陈也,其义难知也。"在此,古人认为礼包括义和数,义指礼的精神实质、思想内涵,数指仪式的陈设规模、程序行为,而数可陈,义难知。正因为"义"之难知,自古以来才有许多学者不懈地探索和研究它的内涵。

作为"礼之本"的"义",有两个方面的要求:

其一,"义者,宜也"。"义者,宜也"是历代学者对"义"的经典训诂。训义为宜,意即恰当、适度、相称。自古礼不相沿,乐不相袭。每一个时代都有自己的时代风貌,礼的规范和准则只有与其作用的对象、环境、时代相适应,才具有合理性并为人们所接受。例如"亲爱我,孝何难;亲憎我,孝方贤"曾是古人普遍接受的孝道观念。而诉诸现代平等理念或者交往理性，"亲憎我，孝方贤"的孝道，就可能会被视为"愚孝"。

其二，"义者，道也"，即义是人之为人之道。由于义与礼相通，在古人的传统观念中常将礼义并提。如《大戴礼记·曾子制言》说："夫行也者，行礼之谓也……此礼也，行之则行也，立之则义也。"

这说明礼立于天下即为义，二者在本质上是相同的。儒家先将人分成类，"君臣也，父子也，夫妇也，昆弟也，朋友之交也"，然后又给每类人规定一个应尽之道，那就是义，即人之所以为人的标准。这"义"就是"为人君，止于仁；为人臣，止于敬；为人子，止于孝；为人父，止于慈；与国人交，止于信"。其后，上述"五义"又被扩展为"十义"，即"父慈、子孝、兄良、弟悌、夫义、妇听、长惠、幼顺、君仁、臣忠，十者谓之人义"。作为道德伦理规范，"十义"不是靠强制手段，而是通过礼的实施得以推行的，即借助于礼节仪式将上述道德规范落实到每个社会角色的言行举止中。

基于"义"既反映了礼在制定及实施中所遵循的相宜相称规律，又包含了礼内在的精神实质——人之为人之道，因此可以说，义为礼之本质。

第四讲　个人立身处世之礼

　　礼的实行要从自身做起，从日常生活做起。礼体现在日常生活中的衣、食、住、行、言、谈、举、止、游、购等，体现在一个人的容貌、仪态、表情、形象之中，为此，《礼记》对如何做一个"知书达礼"的人，提出了具体的要求。《礼记·玉藻》中曰："凡行，容惕惕，庙中齐齐，朝庭济济翔翔。君子之容舒迟，见所尊者齐遬。足容重，手容恭，目容端，口容止，声容静，头容直，气容肃，立容德，色容庄，坐如尸。"

　　对这段话的部分词作一点解释：惕惕，形容行路身正而步快；齐齐，为恭敬貌；齐遬，恭貌，遬意为道肃。

　　这段话的意思是：凡在道路上行走，身子要直，步子要快；在宗庙中行走，神志要恭敬诚恳；在朝廷上行走，神志要庄重严肃。君子平时神态闲雅，从容不迫，见到了所尊敬的人就要显得恭敬收敛。脚要稳重，手要恭慎，目要端庄，口不妄动，声要平静，头要正直，气度要恭肃，站立时身形微俯，脸色要庄重，坐要如同象征受祭神灵的尸那样敬慎庄严。

　　《礼记·冠义》曰："凡人之所以为人者，礼义也。礼义之始，在于正容体，齐颜色，顺辞令。"意为：人之所成为人，是因为人知道礼义。礼义的肇始，在于使举止端庄，使态度端正，使言谈恭顺。

礼是由内而外的概念，是内圣外王的写照，在个人方面表现为礼仪修养，锻造出理想的人格，在社会生活中则体现为人际关系之秩序，营造和谐的氛围。礼是上层社会用来处理血缘社会人际关系的手段，又是社会中各个层面的个人应当具备的修养。所以古人十分注重一个人的言行举止，认为这是最基本的礼仪，代表着一个人的内在修养，一个人的仁义德行通过其礼仪就能够显现出来。一个有良好修养的人，一定是体态端正、服饰整洁、表情庄敬、言辞得体的。这既是他内在修养的流露，也是尊敬他人的表现。

这种仪表仪态的要求，主要体现在容貌颜色、站姿坐相、衣冠服饰、言语辞令等诸方面，要求其仪表庄重，举止得体，进退有礼，齐名盛服，执事谨慎，文质彬彬。

《礼记·乐记》说："致礼以治躬则庄敬，庄敬则严威。"孔颖达疏曰："若能庄严而恭敬，则严肃威重也。"一个人的容止庄严，则自身的道德气质就会自然呈现。注意自己的容止，保持个人的威严，不但能够获得别人的尊重，而且有助于进德修业，提高自身的道德境界，对社会产生积极的影响。

《礼记》对一个人的行为举止的具体要求，达到了无以复加的地步，每一个姿态都要合乎礼仪。现代社会的人可能认为古人太过迂腐，对于如此细节的东西规定得这么严格，人活得太约束、太过机械了。其实，看看今天，不同职业对从业者也有着相似严格的礼仪要求，如空姐的个人礼仪培训，要求展现笑容时要露出八颗牙齿等。那么，我们看看古人是怎么进行修身之礼的培养的，对今天的我们有什么价值。

《礼记·少仪》中说："言语之美，穆穆皇皇。"说的是一个人言语之中要谦恭、和气、文雅。古时，人们见面，问候语为"无恙否"，类似我们现在的"最近过得怎么样"，道理是相通的。古人交谈时注意言语之敬，往往谦称自己，敬称对方。现代个人用语中尤其要注重礼貌用语，如用"令、尊、贤"敬称他人；用"卑、鄙、愚"谦称自己。在个人社交上，也要注意用语的典雅，如"拜访、久仰、失陪、指教、劳驾"，等等。除此之外还要注意个人或者群体语言中的禁忌。

言语之外，《礼记·曲礼上》中对仪态的端庄做了细致而又严格的规定，如坐立要端庄严肃，不能高声大叫，不能东张西望，不能散漫，不能侧耳偷听；站立时不能一脚落地、一脚抬起，行走时不要摆出傲慢姿态；头发要束起，不能披散，不能随便脱帽，不能在公共场合袒胸露背，等等。《礼记·曲礼上》说："立必正方，不倾听。"在正式场合，站立的姿势一定要正向一方，不要歪着头，探听左右。以上这些都是较为简单的言行举止要求，但都与今日的要求相同。《弟子规》中说："冠必正，纽必结，袜与履，俱紧切。置冠服，有定位，勿乱顿，致污秽。"这很好地总结了《礼记》对人着装的要求。古人还有所谓"食不言，寝不语""室中不翔""立不中门"等饮食、行止要求，兹不一一赘述。

古人席地而坐，在坐这一动作中，也有着礼仪规定。今时座位之礼，可以参考。《礼记·曲礼上》中说，父子不同席，男女不同席，有丧者专席而坐；已经坐在席上，对尊者要谦虚，要懂得让席；为人子者，坐不中席，古人坐席，以中为尊，卑者不能居中。《论语》中也说，席不正不坐。这些都是遵循自卑尊人、敬老尊长的原则，以强调和谐。

古代重男女之分，对男女的言谈举止的要求也不一样，如《礼记·内则》说，男子入内，不啸不指，女子出门，必拥蔽其面，走路男子由右，女子由左。又说，男女不通衣裳。当然，"女拥蔽其面"也是一种陈腐的观念，今天也应摒弃。

今日行礼，如果完全行古人那一套，也是迂腐的。如古人行礼三叩九拜烦琐迂腐，已经不为沿用。一些有用的礼仪举止应当被沿用下来，如向长者、尊者鞠躬、欠身或者弯腰表达自谦，打招呼时点头，举朋友握手之礼，以及起立鼓掌之礼，等等。

《礼记》制定这一套繁杂的礼仪，并不是为了让人与人之间产生生疏之感，而是如曾子所说的："狎甚则相简，庄甚则不亲，是故君子之狎足以交欢，其庄足以成礼。"礼遵循的是中庸之道，不可过，也不可不及，最终达到的是和谐的状态。如《礼记·檀弓》中谈到笑的礼仪："凡人大笑则露齿本，中笑则露齿，微笑则不见齿。"虽然古人提倡"笑不露齿"，但微笑使人倍感亲切并表现出一种良好的教养，有时开怀大笑也属正常。当然，动辄就张嘴大笑，未免会影响形象。

概而言之，在现代社会中，一个人自身的礼仪修养，要遵守以下原则：一是必须在心里存有敬人之心、真诚之心，心有所存才能口有所言、举止有度，否则就有言不由衷、做作虚伪之嫌。不同场合，做什么事要有相应的态度，亲人丧祭则尽哀，友人婚礼则尽乐。二是言谈中要诚实守信，言谈中要用语得体，待人随和，不能拿别人随意戏弄、开玩笑取乐。交往中的幽默与善意文雅的玩笑往往给人带来轻松愉快之感，但玩笑戏弄太随便，就会在不经意中伤害到他人，伤了和气。这是一种分寸，也是一种教养文明。三是个人仪表要适合自己在不同场合不同的身份，以得体为准，有的人不注意装束，给人邋遢之感，而有的人过于注重装束，化妆过于浓艳，这都不是理想的仪表。四是行为举止要以"中"为原则，笑与不笑都不可过，要考虑周围他人的感受。

　　《礼记》对人们的服饰、饮食、起居等方面提出具体的规范，古人统称为"礼容"。今天，"礼容"仍然应该是我们的行为规范。下面，我们结合《礼记》提出的要求，对"礼容"作一些介绍。

一、足容重

　　足容重，是指步履要沉稳、稳重，不要轻佻。《礼记·曲礼下》说："行不举足，车轮曳踵。"踵是脚后跟；曳，就是拽、拖行。意为行走的时候，不要把脚抬得太高，而是要像车轮不离开地面那样，用脚后跟擦着地往前走。平常走路举足要后面的人不能看到你的鞋底。

《礼记·曲礼上》对"行"作出具体的规范："帷薄之外不趋，堂上不趋，执玉不趋。""室中不翔，并坐不横肱。"翔，是指行走时张开双臂；肱是指胳膊。这段话的意思是说，走到布幔、帘子外就不必小步快走了；在堂上不要小步快走；拿着玉不要小步快走；在室内行走不要张开手臂，与人并坐时不要横伸手臂。

行走的状态反映了一个人的气质、修养。在日常生活中，经常可以看到一些不雅的行状，有的行走时身体倾斜，有的脚步匆匆、过于快速，有的双脚蹬地、声音过响，有的身体向前倾斜，有的走路跳着走，所有这些行状有的显得不庄重，有的不雅观，有的不谦逊。行走的姿态一定要保持身体的平衡、端正，步伐一定要平均、富有节奏。这虽然是一个简单的要求，但要真正达到正确的姿势还是需要训练的。

《礼记·曲礼上》还指出："游毋倨，立毋跛，坐毋箕，寝毋伏。"即行走时态度不要傲慢，站立时身体不要倾斜，坐着时两脚不要像簸箕一样前伸展开，睡觉时不要趴着睡。其对行、站、坐、睡的姿态提出了具体的要求，一方面从美观出发，另一方面也体现了健康的要求。

二、手容恭

手容恭，是指手的放置要直而正，以显恭敬。

什么叫"恭"？《说文解字》："恭，肃也。从心，共声。""恭"的本义是虔敬地供奉神龙，后引申为虔敬的、虔诚的。把恭作为待人接物的准则。孔子多次讲到"恭"，如"其行己也恭"（《论语·公冶长》）、"居处恭"（《论语·子路》）、"貌思恭"（《论语·季氏》）、"与人恭而有礼"（《论语·颜渊》）等。《礼记·曲礼上》中也说："是以君子恭敬、撙节、退让以明礼。"《孟子》曾载："万章问曰：'敢问交际何心也？'孟子曰：'恭也。'""恭"在古代汉语中，既包括容貌的端庄，也包括对别人的谦和态度以及做事认真不苟等。

《礼记·曲礼下》对手容恭作了具体的说明，如在礼仪场合捧持物品的时候，要做到"奉者当心，提者当带"，"奉"是指双手的高度大致与心脏的位置齐平。

手容恭还体现在晚辈给长辈递东西时，要双手递上。今天，在人际交往中，手摆放的位置、动作和姿态依然十分重要，手容主要表现在执让方面，站立时手要垂直，向客人递名片时要用双手，接受长辈给的东西时也要用双手等。但有些人不注意手的细节，比如有的人手足无措，显得局促紧张；有的人给领导送材料不是双手递过去，而是"抛过去"；还有人单手与首长握手等，这都是不可取的。

三、目容端

人们常说，眼睛是心灵的窗户，眼睛传神，眼神反映了一个人的精神状态和对人尊敬的程度。

目容端就是目光端正、不斜视，尤其不能用余光去扫视对方。《礼记·曲礼下》说："凡视上于面则傲，下于带则忧，倾则奸。"意思是说，但凡看人时，视线高于对方脸部就显得傲慢，视线低于对方腰带就显得忧郁，视线倾斜不正就显得奸恶。

周恩来总理在这方面是典范。他的目光始终端庄、亲切。他每次外出视察，特别是与接待他的工作人员告别时，目光总是亲切地注视着对方的脸部和眼睛，并且会询问对方的姓名、老家乃至子女的情况，让人如沐春风，这正是他的人格魅力之所在。

目容端，要防止的行为是偷窥、傲视、藐礼、蔑视。

四、口容止

口有两大功能，一是进食，二是说话。

在进食方面，《礼记》对餐饮之礼提出了具体的要求。如"共食不饱，共饭不泽手"，即与人共用食器吃饭，不求自顾吃饱；与人共用食器吃饭，不得搓揉双手。

《礼记·曲礼上》还说："毋抟饭，毋放饭，毋流歠，毋咤食，毋啮骨……"一口气讲了十五个毋。流歠为喝汤像流水一样长长地、不停地喝。这里要求进餐时不要用手把饭团成饭团来吃，不要把不吃的饭再放回盛饭的食器中，喝汤不要长长地喝个不停，吃东西不要吃得"喀嚓喀嚓"地响，不要啃骨头。这些不雅的行为在今日生活中还是挺常见的，如用筷子翻食物、吃饭声音过大、在饭桌上剔牙等。

口容止的另一个方面就是要管好自己的嘴，"不妄说"。《礼记·曲礼上》曰："礼，不妄说人，不辞费。

礼，不逾节，不侵侮，不好狎。"这就是说，礼，不胡乱取悦、讨好人，不说多余的话。礼，不逾越节度，不侵犯侮辱，不轻佻亲狎。

与人交流，开口即可见人品。中华文化历来重视口德。"恶言不出口，苟言不留耳"，"一言既出，驷马难追"，"良言一句三冬暖，恶语伤人六月寒"说的都是口德。口容止要努力做到"三不"：

一是不说之德。人长有一张嘴巴，却长了两个耳朵。这是要人少说多听。有时说容易，不说则很难。有人说，人花两年的时间学会了说话，却要花一辈子的时间学会闭嘴。口容止就是知道因人、因时、因地说出恰当的话，"止"就是不说假话，不道听途说，更不能无中生有、造谣中伤。一不直言，二不尽言，三不轻言，四不多言，五不狂言。要看破不说破，给人留面子、留余地。可见，不说既是做人的基本要求，也需有极高的修养。

二是不应之德。面对一些误解甚至谩骂，是采取针锋相对的态度，大开骂战，还是采取沉默或者置之不理的态度，反映了一个人的胸怀和智慧。有些事情一时说不明白，不如坦然面对，让时间去沉淀流言，忍一时之气，待真相大白之时。

郭嵩焘是近代著名思想家。鸦片战争之后，朝廷和士大夫阶层普遍感觉到西方坚船利炮的威力，开启了以"中学为体，西学为用"为指导思想的洋务运动，学习西方的器物之利，意图"师夷长技以制夷"。作为中国近代史上第一个派驻英法的外交使臣，在深入接触西方社会后，郭嵩焘深刻认识到，与当时的清廷相比，西方的强大，器物之利只是其表，文化、政治的先进才是其里，才是根本。郭嵩焘细心观察和深入思考，撰成《使西纪程》一书上奏朝廷。此书一经刊刻发行，立即受到保守派的大力攻击。他们诘难甚至谩骂郭嵩焘是"汉奸""洋奴""长洋人志气，灭华夏威风"。有人甚至编出对联嘲讽郭嵩焘："出乎其类，拔乎其萃，不容于华夏之世；未能事人，焉能事鬼，何必去父母之邦。"

对于这些诘难与谩骂，郭嵩焘概不理会。他深知，要通过讨论让这些愚顽的保守派改变立场、接受新知，是根本不可能的；同时，郭嵩焘对于自己的思想和见解，有非常坚定的自信。他在一首自题诗中写道："流芳百代千龄后，定识人间有此人。"在相信自己站在真理一方时，有面对谩骂的定力，不予计较而坚定自守，反映出郭嵩焘品德的高洁。

三是不较之德。在现实生活中，受到他人无端的猜忌、非议甚至中伤的事情是常有的。对于能承认错误的人，不妨采取宽容的态度，不必耿耿于怀，而应该像孔子说的那样"以直报怨"。这方面，著名京剧表演艺术家梅兰芳先生可谓典范。

当年，梅兰芳的京剧表演艺术已至炉火纯青、有口皆碑的至高境界，国人一致好评。然而，有家小报的记者，却故意挑衅梅先生，以此抬高自己的知名度。对此，梅先生不予理睬。小报记者变本加厉，对梅先生进行谩骂、羞辱。梅先生还是一言不发，小报记者自讨没趣，慢慢地，事情也就烟消云散。忽一日，有人敲响梅先生家的门，他开门一看，原来是那个谩骂过他的小报记者。一看到梅先生，他便开始虔诚地检讨自己，梅先生打断了他，说："别讲了，你有什么事吗？"小报记者说了自己没钱、借钱无门的遭遇。梅先生掏出200块钱给他，说："请走吧。"这位记者感动得扑通一下跪倒在梅先生跟前。

事后，梅先生以此为例教导自己的家人，一定要注意"口德"，嘴巴让人，一生平安。

和传统社会相比，网络提供了多元言论的舆论平台，微博、微信、QQ、博客、论坛等，在这些地方，人人都有发言的权利，发出的言论转瞬即可传遍天地之间。如果言论缺乏真实性，你就成了谣言的传播者；如果言论偏激，你会成为极端行为的煽动者；如果言论缺乏文明和修养，你就成了言说之地的污染者，因此，言论越自由，口德越重要。

看一个人有没有好运，先看这个人有没有口德。

一个人如果说话尖酸刻薄，什么缺德的话都说，日积月累，即使他没有做什么缺德的事，那他的福气也跑光了。

我们不但要修好心，还要说好话。说话不要尖酸刻薄，不要口是心非，不要言过其实，更不要戳人痛处，不要拿别人的身体缺陷开玩笑等，这些都是"口容止"的要求。

五、声容静

声容静，就是说话的语调要平静，心平气和，不随便咳嗽发怪声。说话时以尊重、平等的态度，和颜悦色，多用敬言、谦语，多用商量的口气，声音调门不要过高，以能听清楚为佳；更为重要的是，不要在公众场所大声喧哗。要明白有理不在声高，位尊不一定要声音大。

六、头容直

头容直，是指头部要挺直中正，不要歪脖回顾。我们看一个人的焦点往往是头部。头容给人以"第一印象"。头容直，代表了一个人忠厚正派。一个人只有内心正直，才能形体正直。

七、气容肃

气容肃，体现了一个人的气度、风范，主要是庄重，不卑不亢，不急不缓，特别是在重大场合，保持严肃、静谧，不轻浮。

八、立容德

立容德，要"站如松"，仪态谦卑，站立时身形微俯，如恭候对方接物的样子，上身微向前倾。这是一种谦虚的站姿，与歪倚斜靠、两眼扫视的傲慢站姿相反。但也不要低头哈腰近乎谄媚。

九、色容庄

色容庄，是指仪态庄重，不要轻佻。浩然正气充满胸中，阳刚之美发于外。

十、坐如尸

坐如尸，是指坐如钟，坐姿要端正。《礼记·曲礼上》说："若夫坐如尸，立如齐。"意为如果坐，就要像尸即祭祀中装扮受祭者的人那样端坐，立就要像祭祀前斋戒时那样恭立。当下不雅的坐姿主要是跷二郎腿，还有的坐着不断地抖腿、晃动。

第五讲　人生礼仪的规范和准则

　　《礼记·曲礼上》对古代五种礼仪作了具体规范。郑玄在《礼记日录》中云："名曰'曲礼'者，以其篇记五礼之事。祭祀之说，吉礼也；丧荒、去国之说，凶礼也；致贡、朝会之说，宾礼也；兵车、旌鸿之说，军礼也；事长、敬老、执贽、纳女之说，嘉礼也。"《礼记》还在《祭义》《冠义》《昏义》等篇目中，介绍了礼仪要求。下面我们主要按人生的历程，对一些重要的礼仪做介绍。

　　《礼记·经解》指出了"五礼"的功用，"朝觐之礼，所以明君臣之义也；聘问之礼，所以使诸侯相尊敬也；丧祭之礼，所以明臣子之恩也；乡饮酒之礼，所以明长幼之序也；昏姻之礼，所以明男女之别也。夫礼禁乱之所由生，犹坊止水之所自来也。故以旧坊为无所用而坏之者，必有水败；以旧礼为无所用而去之者，必有乱患"。

　　这段话的意思是说：朝觐之礼，是用来明确君臣的道义的；聘问之礼，是用来使诸侯之间互相尊敬的。丧、祭之礼，是用来表明臣下、人子对君、对父的感恩之情的；乡饮酒之礼，是用来明确长幼之序的；婚姻之礼，是用来表明男女有别的。礼，用于防止祸乱的发生，就如同大堤防止水患的发生。所以，如果认为旧的大堤没有用处而加以毁坏，就一定会发生水患；认为旧礼没有用处而予以废弃，就一定会发生危乱之患。

《礼记·昏义》曰："礼始于冠，本于昏，重于丧祭，尊于朝聘，和于乡射，此礼之大体也。"

这段话的意思是：冠礼是礼的开始，婚礼是礼的根本，丧礼、祭礼最为隆重，朝礼、聘礼最能体现尊敬，乡饮酒礼、射礼最能体现和睦，这就是礼的大概情况了。

《礼记·曲礼上》以十年为一阶段，把人的一生做了划分，每一阶段该做什么，都列举得清清楚楚。中国古代的"人生礼仪"，就是出于这样的考虑而设计的。童稚时期，孩子要接受幼儿教育。八岁进入小学学习，十五岁之后进大学学习。满二十岁时，已经掌握了比较系统的知识和技能，生理上也发育成熟了，从此就成年了，要对家庭和社会负起一份责任了，此时要为他举行冠礼，进行成年教育。成年后可以结婚了，此时又有婚礼，教育新郎担负起家庭重任，教育新娘相夫教子，共同构建和谐家庭。

人的社会化起始于家庭，人的道德和礼仪修养的养成，也必然是从家庭开始。家庭礼仪是家庭和睦的保证，也是社会和谐的基础。所谓"父子和而家不败，兄弟和而家不分……夫妇和而家道兴"，都是以建立和谐家庭关系为目的的。然而，在当代社会中，由于西方价值观的冲击，中国传统家庭伦理已经面临着新的问题，中华优秀的家庭美德需要传承和发扬。传统家庭礼仪中的"父慈子孝、兄爱弟悌、夫和妻敬、姑慈妇顺"仍然是我们处理家庭伦理的礼"则"。《礼记·礼运》曰："何谓人义？父慈，子孝，兄良，弟悌，夫义，妇听，长惠，幼顺，君仁，臣忠。"

首先，要亲亲为大。所谓亲亲，即亲其所当亲，就是亲近、敬爱自己的亲人。亲亲伦理思想确立的标准是人与人自然的血缘关系。在家族内本指直系血亲中上辈对下辈各亲属层次的爱护，如子、孙、曾孙等，所谓"下治子孙"。但后人的理解则包括了所有血缘关系。《孟子·尽心上》："孩提之童无不知爱其亲也；及其长也，无不知敬其兄也。亲亲，仁也；敬长，义也。"说的是下辈对上辈的亲情。亲亲可以进一步扩大到旁系亲族，即因婚姻关系而产生的血缘关系，它是一种横向的血缘人际关系。亲亲伦理由血缘关系向社会关系扩散，从而给社会关系蒙上一层血缘亲情的美丽面纱。

其次，要尊尊为先。所谓尊尊，即尊其所当尊。尊尊，就是要求人们在社会伦常关系中尊重尊贵的人、贤德的人。在古代，这类人包括父亲、天子、国君、长子、为人后者、为人夫者等。在家族内指的是直系血亲中下辈对上辈各亲属层次的尊敬，如父、祖、曾祖等，所谓"上治祖祢"。对父母而言，则是孝顺，因为族权与政权合一，要求"事君如事父"。

最后，要长长为上。所谓长长，就是以年龄高于自己者为长。无论在家庭中还是在社会上，人与人之间都存在长幼之别。在家族内指的是对旁系血亲中的长辈和兄长的尊敬，如伯叔、伯祖、叔祖等，所谓"旁治昆弟"（伯、叔是父亲的昆弟，伯祖、叔祖是祖父的昆弟）。而在广义上，则包括了与所有姻亲、朋友、同事中年长者的关系。要使不同年龄的人和谐相处，就必须遵循一定的交际原则，古代儒家将这一原则称为"长长"。

下面，介绍人生中主要的礼仪。

一、冠礼（笄礼）：长大成人，自立自强

冠礼（笄礼）即古代的成人礼。对于当今中国人而言，成人礼的概念还是不够鲜明和普遍。但它在历史上，对于个体成员成长的激励和鼓舞作用非常大，对我们生命过程的影响力，远远超过当今的"成人仪式"。华夏先祖对于冠礼非常重视，所谓"冠者礼之始也"，所以，《仪礼》将《士冠礼》列为开篇第一礼绝非偶然。《礼记》中也有"冠义"一篇，说解冠礼的含义。

《礼记》首先强调"冠礼"的重要性。《冠义》曰："敬冠事所以重礼，重礼所以为国本也。"敬重冠礼是因为重视礼，重视礼是因为礼是国家的根本。

冠礼标志着一个人已经长大成人，应当自主、自立，承担起责任和义务。《冠义》曰："成人之者，将责成人礼焉也。责成人礼焉者，将责为人子、为人弟、为人臣、为人少者之礼行焉。将责四者之行于人，其礼可不重与？"意为已经成年的人，就要以成人之礼要求他。所谓以成人之礼要求他，就是要求他按照为人之子、为人兄弟、为人臣下、为人晚辈的礼节行事。要冠者用这四方面的礼待人行事，那能不特别重视冠礼吗？

冠礼标志着人生进入一个新的阶段。经过冠礼（笄

礼）之后，始可正式参加家庭之外的社会活动，成为家族正式成员，享有应有的权利与应尽的义务。这一仪式也是要提示行冠礼（笄礼）者从此将由家庭中毫无责任的"孺子"转变为正式跨入社会的成年人，只有能履践孝、悌、忠、顺的德行，才能成为各种合格的社会角色。现代社会中有的人使命感和责任感缺失，对父母不孝、对朋友不信，需要通过教育去纠正这种行为，成人礼即使在今天也是不可或缺的一项极具道德教化意义的礼仪。

《礼记·曲礼上》说"男子二十冠而字"，先民以男子20岁、女子15岁为成人的年龄门槛。现在大多数高中生毕业时的年龄在18岁，这基本是一个人生的分界点，"18岁成人"不仅符合时代特点和法律要求，也结合了当代青年人身体发育成长的规律，因此现代举行冠礼的时间，最好在行礼者18岁生日前后。

冠礼的日期，古人是通过"筮日"，即用占筮的方式来确定黄道吉日。现在行成年礼则不需要这种方式，如果是单独举礼时，宜定在成人者生日或对其有重要意义的日子。集体举行冠礼时，宜定在有文化内涵及纪念性意义的日子。

举行冠礼时会邀请德高望重的长者担任加冠的嘉宾，期勉年轻人能够"为人子当知尽孝，为人弟当知敬长，为人臣当知尽忠，为人少当知尊长"，使其具有孝、悌、忠、顺之优良品德。

冠礼仪式中，前后加冠三次，每次加冠之前，照例先有一番祝勉，再行加冠。始加缁布冠，代表正式授予"士"之身份，拥有治人的权利；次加皮弁，勉励其培养武德，具有保疆卫土之能力；三加爵弁，期许其能体认家族生命之延续，增强对生命薪传之历史承担。

为凸显冠礼前后之不同，由担任加冠之特别嘉宾为年轻人取字，经由"字"之取得，以增强其对于"冠德明公"之自我期许。取字之后，冠者拜见家长、兄弟、其他亲属以及所在地方官绅宾客，表示行礼者获得了成人身份以及相应的权利和义务。

笄礼的行礼方式带有女性特有的柔美：一头长发，一根发笄，细心梳成一个秀美的发髻，郑重簪上发笄……这一过程体现了女性的柔美，暗示女子将以与男子不同的方式支撑起这个世界。

笄礼的古义是建立在当时男尊女卑的基础上的，所以其中带有一些明显的时代烙印。笄礼的古义，是女子订婚（许嫁）以后出嫁之前所行的礼，并为之取字。明显将女子的社会责任锁定在狭小的范围内；不过，我们不应该以时代的限制为由就放弃仪式本身的神圣和象征作用，实际上，完全可以在此基础上赋予时代的新意。我们会发现，笄礼的象征意义和冠礼一样重大，同样是对人生责任、社会角色的提醒——当然，这个社会责任的内涵是根据时代的进步调整的，女子也需要独立、自强。

《周礼》及古代习惯，都是十五岁左右行笄礼，最迟二十岁。笄礼最好是在农历三月三——女儿节这一天进行，不仅传统礼仪在这一天举行，而且对民族节日复兴也有重要的意义。

在一个人完成了自我的礼仪修养的奠基之后，就要独立地走向家庭与社会关系之中，完成由"学"向"士"的转变，一个人才真正进入人生的黄金时期。这一时期随着个人的责任和义务的增多，个人所需要遵守和奉行的人生礼仪也相应增多，《仪礼》一书有关此类礼仪的规定相当详细。

潮汕地区有一种近似成年礼的礼仪，叫"出花园"，至今还相当流行。

潮汕人认为未成年的孩子一直是生活在花园里的，孩子长到15岁，就要择吉日举行"出花园"仪式。

农历七月七日，要采来12样不同的鲜花，浸在水里给孩子沐浴，让芬芳洗净身上的孩子气。孩子扎上母亲亲手缝的新腰兜，腰兜里压着12颗桂圆和2枚铜钱；穿上外婆送的新衣服和一双红皮木屐，好跨出花园，一帆风顺。父母给孩子吃"七样菜"：萝卜，寓意清白；葱，寓意聪明；芹菜，寓意勤劳；韭菜，寓意长久；生菜，寓意生财；大红鸡蛋，寓意圆满；柑橘，寓意生活甘甜、吉祥。对"出花园"的孩子要以大人相待，破例让他坐到席上的大位，象征孩子已成了家中的栋梁。席间，亲人们要对孩子寄予美好的期望。从此，孩子就算跳出了花园墙，真正踏上人生之途。

今天，我们在学生18岁时举办成人仪式。仪式的时间一般安排在"国家宪法日"（12月4日）或"五四"青年节。地点可在校内，也可以在爱国主义教育基地、国防教育基地、社会实践基地等，主题是"成长、感恩、拼搏、圆满"，以增强公民意识、法治意识、感恩意识、责任意识为目标，基本程序有：升国旗、奏唱国歌，学习总书记对青年的寄语，师长代表致辞，家长代表致辞，师长、家长为参礼学生佩戴成人帽或成人纪念章，赠送《中华人民共和国宪法》一书，参礼学生向师长、家长鞠躬行感恩礼，学生代表发言，学生集体朗诵经典向国旗庄严宣誓，奏放团歌，参礼学生迈过成人门。这是传统礼仪的创新，值得推荐。

二、敬师礼：行为世范，尊师重教

求学是人生的一个重要内容。是否有良师的教育、培养，关系一个人的健康成长。老师是学生的领路人，也是最值得礼敬的人。中国人尊师重道的传统十分悠久，之所以要礼敬老师，提倡尊师重道，是因为老师为伦理道德、知识、价值观念的传授者，是学生正确为人处世的引导者，激发和唤醒学生学习、创造的热情，为他们打下惠及一生的坚实基础。

《礼记·学记》中说："师严，然后道尊；道尊，然后民知敬学。"《尚书·泰誓》中说："天佑下民，作之君，作之师。"其把君与师相提并论。荀子则把"天地君亲师"相提并论，他说："礼有三本：天地者，生之本也；先祖者，类之本也；君师者，治之本也。无天地恶生，无先祖恶出，无君师恶治。三者偏亡，焉无安人。故礼上事天，下事地，尊先祖而隆君师，是礼之三本也。"把教师之礼提到了"礼之本"的高度，可见对老师的尊重达到了极高的程度。荀子还说："国将兴，必贵师而重傅；贵师而重傅则法度存。国将衰，必贱师而轻傅；贱师而轻傅则人有快，人有快则法度坏。"这里的"快"是指放肆的意思。荀子把尊师提到了国家兴亡的高度去认识。所谓"师者，人之范也"，"德高为师，学高为范"。在中国古代民间，具有浓厚的尊师观念，如民俗中有"师徒如父子""一日为师，终身为父"的说法。此外，人们往往把老师称为"先生""师父""恩师""良师"等，把老师的话称作"教导""教诲"等，这些充分说明老师在古人心目中有非常高的地位。

老师是一个有品德、有知识的社会群体，理应得到全社会的尊重。对学生来说，在家尊敬父母，在学校尊敬老师，这是知书达礼的基本要求。今天，我们的教师节主要是肯定全体教师对教育事业所作的贡献，其实应当延伸为全社会的"教师节"，这样才能在全社会形成尊重知识、尊重人才的好风气。

据现有文献来看，至少在周代已有尊师之礼了。如《礼记·学记》云："大学之礼，虽诏于天子，无北面，所以尊师也。"天子接见臣下都是朝南坐的，但是见自己的老师却不敢朝南坐，而要让老师朝南坐。正是因为如此，以后历代皇帝到国子监去祭祀，照样要向孔子的神位下跪。又据《礼记·曲礼上》："从于先生，不越路而与人言。遭先生于道，趋而进，正立拱手。先生与之言则对，不与之言则趋而退。"也就是说，跟随先生走路，不应跑到路的另外一边和别人说话。在路上碰见先生，要快步上前，正立拱手。先生和自己讲话，就回答；先生不与自己讲话，就快步退下。《管子·弟子职》中就有详细规定。从老师起床盥洗开始，到吃饭，再到夜晚入睡，学生都得在边上恭恭敬敬地侍奉，"朝益暮习，小心翼翼"。

中国古代尊师重教的方式，不仅表现在尊师与敬师上，而且还表现在报师与祭师上。古人认为"弟子事师，敬同于父"。

在周代的官学中，就有了祭先圣先师的礼仪，据《礼记·文王世子》记载："凡学，春官释奠于其先师，秋冬亦如之。凡始立学者，必释奠于先圣先师。"由此可知，周礼中的祀典有释奠之礼了，这是"君师"之礼。周礼有释奠、释菜、释币等名目。释奠是设荐俎馔酌而祭，有音乐而没有祭祀的对象；释奠礼，最初只是入学的一项仪式，先圣先师并没有具体的确指。后来，随着孔子地位的上升，释奠礼逐渐为先师孔子及历代之儒家先贤先儒所专有，祭祀也由之前极其简略的仪式演变为一套极其复杂的仪式，如奠帛、读祝文、三献礼、行三跪九拜之礼等。

之所以要以孔子为先师之代表，是因为孔子不仅在言行道德上可以说是时人的楷模，而且他打破了学在官府的局限，以一人之力开创了私学，授徒三千，使得学术转移到了民间，推动了思想文化的普及和繁荣，厥功甚伟。

古代学生入学，要行拜师礼。其中，值得一提的是束脩礼。孔子说："自行束脩以上，吾未尝无诲焉。"古人相见，必执贽以为礼。束脩是贽礼中非常薄的一种。脩，就是干肉，十条干肉为一束。学生带了束脩去送给孔子，孔子就收下这个学生，并且认真地教诲他了。束脩礼一直沿袭至明清，虽然后世送的礼物已不尽相同，人们却始终把送给老师的酬劳称为束脩。比如，《通典》载唐代的学生入州、县学校，就要缴纳帛一匹、酒一壶、干肉五条，作为给老师的见面礼，并有一定的仪节。

报师之礼，是指学生学业完成，辞别老师之后，如果取得了什么成就，或是遇到老师生日，或是逢年过节，仍要向老师汇报、送礼，表示不敢忘记老师的栽培之恩。

当然，尊师爱生是连在一起的。老师要爱生如子，学生才会爱师如父。

三、婚礼：人伦之基，万世之本

婚礼是人生又一个重要的礼仪。结婚标志着单身生活结束了，标志着成家，为此，它是人生礼俗中很重要的仪式。

对人类本身而言，男性、女性是社会的阴阳两极，是人类繁衍和种族延续的渊源。人类社会的五伦关系，都是由男女的结合而派生出来的。从这个角度看，使夫妇结合的婚礼是人伦之基、万世之始。

《礼记·昏义》曰："昏礼者，将合二姓之好，上以事宗庙，而下以继后世也，故君子重之。敬慎重正而后亲之，礼之大体，而所以成男女之别，而立夫妇之义也。男女有别，而后夫妇有义；夫妇有义，而后父子有亲；父子有亲，而后君臣有正。故曰：昏礼者，礼之本也。"

这段话的意思是说，结婚这一礼仪能使两个不同姓氏的家族交好，对上告慰祖宗家庙，又能延续家族香火。所以，君子把婚姻当作大事。

通过敬慎郑重其事的婚礼而后夫妇相亲，这是婚礼的基本原则，也从而确定了男女之别，建立起夫唱妇随的关系。正因为男女有别，所以才会有夫唱妇随；正因为有夫唱妇随，所以才会有父子相亲；正因为有父子相亲，所以君臣才能各正其位。所以说，婚礼是各种礼的根本。

古代称婚礼为昏礼，因其多在黄昏举行。婚礼是周礼嘉礼的一种，其仪式内涵载于《仪礼·士昏礼》《礼记·昏义》中。

婚礼是个体生命延续的一种礼仪标志，是冠礼之后的又一重要礼仪。姻缘和血缘的结合，合二姓之好，构成了姻亲和血亲的家族关系延伸和扩展的主脉和网络，没有婚姻关系也就无所谓家族关系的延伸和扩展，所以婚礼有着特别重要的意义，从而有着严格的戒律、禁忌和隆重的礼仪程序。

"同姓不婚"是与婚礼有直接联系的家族伦理规

范。"同姓不婚"是指限制父系血缘内的婚姻，没有对母系血缘方面的表兄弟姐妹有通婚的限制，姑舅表亲、两姨表亲的婚姻在古代是相当普遍的。它包含了联结不同的亲族集团，保持传统的宗教信仰以及实现种族繁衍的多方面意义和作用。在现代社会中，法律明确规定了禁止结婚的近亲关系：男女双方不是直系血亲和三代以内的旁系血亲。

《礼记·内则》记载了中国古代法定意义上的婚姻年龄规定，即：男子"二十而冠""三十而有室"，女子"十有五年而笄，二十而嫁；有故，二十三而嫁"。根据男女群体发育的成熟度，我国法定结婚年龄男不得早于22周岁，女不得早于20周岁，并提倡晚婚晚育。

婚礼的仪式，《仪礼》中有详细规制，大致分为三个阶段，即婚前礼、正婚礼、婚后礼。整套仪式合为"六礼"，与三书（即聘书、礼书和迎亲书）一起被合称为"三书六礼"。六礼指的是纳采、问名、纳吉、纳征、请期、亲迎。以上六个程序中，男方家都要向女方家送礼。

此六礼创始于周而完善于汉，几千年相沿下来，成为中国传统婚礼的基本模式。近现代以后，西风东渐，婚礼开始发生较大的变革。由以前的以举行婚礼作为合法婚姻转变为法律上的认可，即结婚双方亲自到地方民政部门进行结婚登记。

现代婚礼大多数中西结合，省去了过去的繁文缛节，多数婚礼由迎亲和摆喜酒两部分组成。其隆重与否，在于迎亲车辆和喜酒桌数的多寡。

古时的"纳采"就是提亲，现在是自由恋爱，男方自己求婚，这一步自然就消失了。不过，还是有通过媒人来安排男女双方婚姻的，这个应该算是变相的提亲了。"问名"，是合八字，卜算夫妻是否会婚后生活美满。现在提倡破除迷信，这一条自然也消失了。"纳吉"，就是男方决定同女方结成婚约。现在这个与"纳采"合在一起了。"纳征"就是送女方彩礼。现在基本上不会像过去那么隆重。不过，结婚之前，男方还是会送给女方现金以及金银首饰等物品。这个应该算是变相的彩礼了。"请期"就是确定成亲的具体时间和安排。这个是绝对不能少的。当今在婚礼之前，双方的父母都会坐在一起见个面、吃顿饭，商议一下具体的结婚事宜。这个就相当于过去的请期了。"亲迎"，这个不论是在古代还是在今天都是整个结婚流程之中最隆重、最热闹的部分，而且婚礼的礼仪是保存最完整的了。

与古人相较，我们现代人对待婚姻的态度似乎远不及古人敬慎。不少人头脑发热真的结了婚，婚后才知道，原来夫妻之间能和谐相处、各尽其责绝非简单的事情。结合时的冲动草率导致婚后夫妻关系不睦，甚至离婚的不在少数。更有甚者，以利、欲为夫妇结合的基础，真是荒谬、可怕的事情。

古人讲求慎于始，在婚前，男女双方要受"夫义妇德"的教育，让他们清楚明白，如何成为好丈夫、好妻子。可以说，他们是先手握构筑幸福家庭的钥匙，而后开启幸福婚姻殿堂的大门。家庭幸福、稳固的金科玉律，千百年来，代代相传，它就是：

丈夫有义——"恩义、情义和道义"；

妻子有德 ——"妇德、妇言、妇容、妇功"。

婚姻，是道义的结合，有爱、情、义、恩在其中，是彼此相托的终身大事。婚姻和谐稳固与否，关系到彼此今后的终身幸福，关系到双方父母的孝养，关系到子女的培育，关系到双方家族和谐，也关系到社会、国家的安定与发展。夫妻有好的结合，就有好家庭；有好家庭就有好社会；有好社会就有好国家、好世界。夫妻关系是牵一发而动全身的人类核心关系，不可轻视，不可不慎。

婚礼的仪式，各地的风俗习惯不同，有一些差别，大致有如下的程式：

结婚当天祭祖：男方出门迎娶前，应先祭祖。

迎亲：迎亲车队以双数为佳，六的倍数最佳。

食姐妹桌：新娘出发前要与家人一起吃饭，表示别离，大家要说吉祥话。

请新郎：礼车至女方家时，一男童持茶盘恭候新郎，新郎下车后予男孩红包答礼，再进入女方家。

盖头纱：新郎予捧花后，将新娘头纱放下并挽新娘出大厅。

拜别：新郎与新娘上香祭祖，新娘叩拜父母道别，新郎行鞠躬礼即可。

出门：新娘由一辈分高之女性持竹筛伴走，进入礼车。

礼车：应悬挂一棵由根至叶的竹子，根上挂着萝卜，意为有头有尾。礼车后方则有朱墨画的八卦竹饰。

掷扇：礼车启动后，新娘将扇子掷至窗外，谓弃坏性子；掷扇后应哭几声，且在礼车后盖竹筛象征繁荣。

迎娶队伍以竹筛为先，青竹连根带叶，竹端系猪肉一片，防邪神白虎。

燃炮：一路燃放礼炮，车抵男方家门时，家人应燃爆竹。

摸橘子：由拿着两个橘子的小孩迎接新人，新娘轻摸橘子，并赠红包答礼。

敬茶：将新娘介绍给家中长辈认识。

拜天地：新人一拜天地，二拜高堂，夫妻相拜，送入洞房。

进洞房：以竹筛覆床，桌上置铜镜压惊，新人共同坐在预先垫有新郎长裤的长椅上，谓两人同心。然后新郎掀开新娘面纱，合饮交杯酒、吃甜汤，象征早生贵子。

以上这些是传统的礼俗，今天，各地习俗多有不同，现在已简化，也有新式的婚礼，如集体婚礼，种同心树，利己利国，也是值得提倡的。

四、敬老礼：贵老敬长，尊老敬贤

尊老敬老是中华民族的传统美德，在最早的诗歌总集《诗经》中即有"如山如阜，如冈如陵……如南山之

寿……如松柏之茂"，表明了对老人尊崇之至。所谓尊
敬长者，是宗族伦理在社会上的延伸，《礼记》说："明
七教以兴民德"，七教中有三项——长幼、朋友、宾客
不属于宗族范围，属于宗族之外社会礼仪生活和道德生
活中的社会关系。这种社会礼仪和道德的集中体现就是
养老礼、乡饮酒礼、射礼和敬师之礼。正是通过这些礼
仪活动实现了家族伦理向社会伦理的扩展和个人道德向
社会公共道德的扩展。

《礼记·祭义》曰："先王之所以治天下者五：贵
有德，贵贵，贵老，敬长，慈幼。此五者，先王之所以
定天下也。贵有德，何为也？为其近于道也。贵贵，为
其近于君也。贵老，为其近于亲也。敬长，为其近于兄
也。慈幼，为其近于子也。"

这段话是说，先王治理天下的方法有五条：崇尚品
德，崇尚爵位，崇尚老人，尊敬长辈，关爱幼儿。这五
条，就是先王平定天下的方法。崇尚品德就是因为有品
德的人接近圣人；崇尚爵位，因为这种人接近国君；
崇尚老人，因为这种人靠近亲人；尊敬长辈，因为这
种人就像兄弟一样；关爱幼儿，因为他们就像自己子女
一样。

记载周代敬老礼的文献，主要有《礼记》的《王制》《内则》《文王世子》《曲礼》《祭义》等篇。《礼记·王制》保留了上古"五十养于乡，六十养于国，七十养于学"的分级养老制，以及行养老礼的礼俗与制度。每年重阳节这一天，地方官员都要对老年人进行"养老礼"，即以酒食赠送德高望重的老年人，倡导人们"明尊长""明养老"。为了使老年人的生活落到实处，国家将老年人按年龄分级，分养于不同地区，供应一定数量的细粮和肉食。老年人如果生病，专管人员要定期慰问，"九十以上一日一问，八十以上二日一问，七十以上三日一问"。

《礼记·文王世子》记载敬老礼于每年春二月举行，行礼于东序，"释奠于先老，遂设三老五更群老之席位焉。适馈省醴，养老之珍具，遂发咏焉。退，修之以孝养也。反，登歌清庙，既歌而语，以成之也。言父子君臣长幼之道，合德音之致，礼之大者也"。这一礼仪的实行，因为天子的参与，因而自中央至地方备受关注和重视。作为周代礼乐文化的一个组成部分，敬老礼对调节人际关系、维护社会公德、安定政治秩序都起着一定的作用。尽管历代敬老的具体做法不尽相同，但养老敬老的思想是一脉相承的。

今天，敬老礼一方面体现在家庭，应当提倡给七十岁以上的老年人举办庆祝生日的活动；另一方面体现在社会，给老年人送健康、送文娱、送食品，在全社会营造尊老敬贤的浓厚氛围。

除此之外，对于社会弱势群体，《礼记·王制》指出："少而无父者谓之孤，老而无子者谓之独，老而无妻者谓之鳏，老而无夫者谓之寡。此四者，天下之穷民而无告者也，皆有常饩。""常饩"，即经常性的粮食救济。又说："喑、聋、跛、躄、断者、侏儒，百工各以其器食之。"对于哑、聋及肢体有残疾、障碍的人则有供养制度，即由工匠凭技能获得的收入供养他们。又曰"庶人耆老不徒食"，即不能只有饭而无菜肴。又曰"养耆老以致孝，恤孤独以逮不足"，即通过教化，形成风气，引导人民孝敬长上，帮助贫困者。

乡饮酒礼是我国古代规模最大、最隆重的敬老大典。据史书记载，举行乡饮酒礼的制度从周朝开始，历代相传，直到清朝。举行乡饮酒礼的主旨为宴请德高望重的耄老，优礼贤能。

据《礼记·乡饮酒义》记载，乡饮酒礼分别在国都及地方的学校举行，一般由大夫和乡先生主持，举行乡饮酒礼的时间各朝代不同，周代在每年的冬季，汉代在每年的仲秋，北齐在仲春，唐朝在每年的冬季，明朝和清朝在孟春、朔日。

举行乡饮酒礼时，六十岁以上的老者坐，五十岁以下的站着伺候，以表示对长者的尊敬。菜肴的多少，依年龄而别，六十岁的供三菜，七十岁的供四菜，八十岁的供五菜，九十岁的供六菜。孔子之所以感叹在参观过乡饮酒的礼仪后就知道王者的教化是很容易推行的，是因为乡饮酒礼贯穿和渗透着"长长"的原则，使民众在日常生活中养成了尊长敬让的良好习惯，这样人际和睦、社会和谐就顺理成章了。

通过《礼记·乡饮酒义》的记载可知，尊敬长者和侍奉老者是联系在一起的。这里的长者年龄一般在五十岁以上，也并不仅指血缘关系上的长辈，更是泛指整个行政区域或全天下的老者。在传统农业社会当中，长者、老者对社会发展已作出自己的贡献，所以"长长"是贤者必备的品质。《仪礼·乡饮酒义》中宴请的"宾"和"介"是乡里有贤能的青年才俊，此礼的目的是考察选拔优秀人才以备将来推荐给国君或天子。古代制礼者认为，"正齿位"、尊长敬老和遵守社会"长长"的伦理规范，是衡量一个人是否贤能的重要标准。《仪礼·乡饮酒义》作为古代选贤的重要方式，考察那些被选拔的青年才俊能否遵守"长长"的原则、是否尊重长者老者，成为其今后能否治国理政的重要判断标准。从某种意义上说，乡饮酒礼既是对宾、介等人贤德的一次检验，也是借助实践活动对其尊长敬老素质的培养和陶冶。

古代制礼者为何要设计如此烦琐的礼节？《礼记·乡饮酒义》云："尊让洁敬也者，君子之所以相接也。君子尊让则不争，洁敬则不慢，不慢不争，则远于斗辩矣；不斗辩则无暴乱之祸矣。斯君子之所以免于人祸也，故圣人制之以道。"这就是说，古代圣人制乡饮酒礼的目的是让人们了解社交活动中的长幼之序，在交际过程中遵循尊让洁敬的原则，从而在社会生活中避免争斗、远离祸害，营造和谐的人际氛围。

飨宴礼包括飨礼和宴礼，古时待宾之礼，有飨、燕、食。其中，飨礼最为隆重。"飨"，古文献中多作"享"。"燕"，又可通作"宴"。飨礼是设酒宴以飨宾客；宴（燕）礼也是一种宴饮之礼，指君臣宴饮的仪式，与大飨礼在礼节上差异不大。飨宴礼皆有音乐伴奏。飨与宴虽在内容上有所不同，但都同属于宴饮之礼，所以后世对这两种礼仪也没有严格区别，经常合称为飨宴。

飨礼，根据举办飨礼方的身份，可分为四大类：天子飨礼、诸侯飨礼、卿大夫飨礼与士飨礼。此礼自周代以后已经不存了。飨主敬，于庙中举行，乃贵族间上级款待下级的一项礼仪。宴礼是一种在寝中举行的饮酒礼，规格低于飨礼，宴礼分为五大类，即天子宴礼、诸侯宴礼、卿大夫宴礼、乡党宴礼、宗族内宴礼。

飨宴礼，通过揖让升降的区别、坐立站行方位的不同、食物数量的差异、饮酒顺序的先后、礼乐相配的适度、饮酒欢乐的限度等一系列主客的敬献与拜谢来昭示人们尊长有序、贵贱有别、和乐不流的道理，从而将礼义教化、道德伦常的重要内容借助飨宴的礼节仪式，潜移默化地注入人们的理念和行为之中。其实，社会教化的推行，就是那些维护社会秩序的规范和准则被人们一点一点接受，并被潜移默化地贯彻到其实践活动中的漫长过程。通过飨宴礼的反复实践和强化，就会形成"贵贱明，隆杀辨，和乐而不流，弟长而无遗，安燕而不乱"的局面，"此五行者，足以正身安国矣"（《礼记·乡饮酒义》）。这样"王道之易易"、社会之和谐就会形成。

《礼记·曲礼上》对乡村酒礼也有具体的要求，"饮酒不至变貌，笑不至矧，怒不至詈"。矧为齿龈。意思是说，喝酒不能喝到脸色改变，笑不能笑到露出齿龈，怒不能怒到发火骂人。喝酒要有所节制，控制在一定的量，不能失态。宴食没有酒就没有气氛，但纵酒则会失态，伤人又伤己。

　　汉朝的时候，有个姓杨名元琮的人，他的母亲杨刘氏字泰瑛，是益都地方的人。她平时为人和顺，而且通达礼仪。她的丈夫很早就过世了，她生有四个儿子，杨元琮就是她的长子。

　　有一阵子，杨元琮时常到外面去喝酒，喝完酒还自己赶着车子回来，结果驾车出了事故，身体多处受伤。杨刘氏为了让儿子吸取教训，十天不许儿子见她的面，杨元琮知道母亲生气了，于是带领了三个弟弟，到母亲面前谢罪。

　　母亲责备杨元琮说："你知道，饮酒要有所节制，而不能沉溺其中，这是礼；你喝酒喝成这个样子，真是荒唐无礼之极，你自己都败坏德行，那你如何教导弟弟们呢？"

元琮听了母亲的训斥后，从此再也不敢放纵自己了。

礼是有节制的行为，一个酒醉之人，如何能够克制自己？喝酒是最容易失礼误事的，所以应该尽量少喝才是。

五、丧礼：寄托哀思，彰显孝道

每一个人都会离开这个世界，随着长大老去，长辈会逐渐离开人世，这就要面对一项无法回避的礼仪——丧礼。

丧礼是传统礼仪中对后世影响最大的礼仪之一，自其诞生就与祖先崇拜结合在一起，融合了传统文化中的"孝"道观念，肩负着礼教的重任。

《礼记·曲礼下》说："居丧未葬，读丧礼。既葬，读祭礼。"丧礼是与殡殓死者、举办丧事、居丧祭奠有关的种种仪式礼节，在古代为凶礼之一。古人把办理亲人特别是父母的丧事，看作极为重要的大事，很早就形成了一套严格的丧礼制度。《仪礼》中的《丧服》《士丧礼》《既夕礼》《士虞礼》四篇，就是专讲丧礼的，而《周礼》和《礼记》中也有若干记载。虽说儒家礼经所记丧礼制度，主要是为士以上的统治集团成员制定的，但其影响则远远超出这一范围，而且大体上被后世所沿袭，两千多年来一直对历代的传统丧礼起着指导作用。传统治丧仪制主要过程得以保留，但如丧仪、丧服制、孝服制等传统已被"简化"，大致可分为初终、殓、殡、出殡、下葬五大步骤。

中国古代对葬礼的重视，还表现在丧服制度上，这是古代丧礼中根据生者与死者血缘关系的亲疏远近而穿不同丧服的礼俗。它源于西周的宗法制。古代宗法血缘关系一般上溯（或下延）五代，故丧服也称五服。《仪礼·丧服》规定：丧服有斩衰、齐衰、大功、小功、缌麻五种，原则上服制越重，其丧服形式也越粗糙，以示不同程度的哀痛之情。"衰"是指最粗的生麻布制作的衣服。斩、齐、功均指制作工艺。后世的丧服，服制形式略有变异，但孝文化和宗法血缘关系的基本精神却没有改变；服丧对象亦有调整，调整的总趋势是加重而不是减弱。

　　从上述烦琐的丧葬礼俗中，可看出古代丧礼具有重孝道、明宗法、显等级、隆丧厚葬的基本特征。丧礼成了推进孝道的重要环节，丧礼中的礼俗，如五服等，明确了各自所属的宗法关系网以及个人在其中的权利和义务。古时，人活着存在等级差别，死了也存在等级差别，仅从对死的称谓，便可见一斑，"天子死曰崩，诸侯死曰薨，大夫死曰卒，士曰不禄，庶人曰死"。

　　由于丧事是综合显示死者社会地位的一种方式，而中国社会又允许此类消费，故而历代都有隆丧厚葬的习俗，并成为传统。儒家"重生"，重生则重教化，事死也是为了重生。三礼中的丧礼包含了最复杂的社会含义，并形成了一套最具条理化的系统规则。

　　《礼记》认为丧礼是"孝"的表现。孝，重在父母在生时的养、敬、安。《礼记·祭义》说："众之本，教曰孝，其行曰养。养可能也，敬为难。敬可能也，安为难。安可能也，卒为难。父母既没慎行其身，不遗父母恶名，可谓能终矣！"用今天的话说，即一个人的根本教养是孝顺，行孝道是奉养；奉养父母是可以做到的，对父母恭敬是难做到的；对父母恭敬是可以做到的，使父母舒适是难做到的；使父母舒适是可以做到的，能始终如一是难做到的；父母逝去以后，自己行为要谨慎，不要带给父母坏名声，就可以叫作能善始善终了。

《礼记·曲礼上》专门讲人子之礼，曰："凡为人子之礼，冬温而夏清，昏定而晨省，在丑夷不争。""丑"为众人，"夷"为平等。作为人子，怎样才能尽人子之礼呢？具体来讲，就是要使父母冬天感到温暖而夏天感到清凉，晚上要为父母铺床而早晨要向父母请安，在众同辈之中不和人争斗。《礼记》对孝礼提出非常具体的要求，今天的许多人也许都做不到。

《礼记·中庸》说："践其位，行其礼，奏其乐，敬其所尊，爱其所亲，事死如事生，事亡如事存，孝之至也。"意为站在一定的位置上，奉行祭祀的礼节，奏祭祀的音乐。敬那该敬的祖宗，爱那该爱的近亲。侍奉死者如同侍奉生者，侍奉已亡者如同侍奉现存者，这是孝的最高表现。

丧礼，要带着悲戚的心情，但也要有所节制。《礼记·曲礼上》曰："居丧之礼，毁瘠不形，视听不衰"，"不胜丧，乃比于不慈不孝。五十不致毁，六十不毁，七十唯衰麻在身，饮酒食肉处于内"。

生离死别是人生之"苦"，亲人之丧，无疑使人无限悲伤。但人生无常，生、壮、老、死也是生命发展的一个自然过程，心中悲戚，但不可以过度。为此，《礼记》在这里讲，守丧之礼，要节制哀伤，不要消瘦到变形，视力、听力不要因此衰减。如果不能承受丧事的悲痛而身体崩溃，就等于是不慈不孝。五十岁守丧，不要因悲痛而过度伤身；六十岁守丧，不能伤身；七十岁守丧，只要穿着丧服，可照常饮酒吃肉，并住在屋里。

《礼记》认为丧礼中要表达悲伤的情感，不能有娱乐活动。《礼记·曲礼下》曰："居丧不言乐，祭事不言凶。"意思是守丧时不谈论乐之事，祭祀时不谈凶事。

今天，丧礼由繁变简，这是时代的进步。厚养薄葬符合社会文明进步的要求。现在土葬改为火葬已为大众所接受，还有一些新的形式，如树葬、海葬，符合环保的要求，也值得提倡。

六、祭礼：敬天法祖，慎终追远

中国古代"神不歆非类，民不祀非族"，祭祀有严格的等级界限。天神地祇只能由天子祭祀，诸侯、大夫可以祭祀山川，士、庶人则只能祭祀自己的祖先和灶神。《礼记·郊特牲》中说"万物本乎天，人本乎祖"，古人讲究慎终追远，"终"指父母之丧，"远"指祖先，慎终追远指依礼慎重办理父母丧事并在祭祀中诚心追念先祖。中国人祭祀祖先至今已经有几千年的历史。祭祖这一行为，表达的是对祖先的尊敬和怀念，间接促使后代子孙紧密团结，形成互助的宗亲，并对本家本族有更深的认同感与向心力，借以维护宗族，让同一血脉、宗族的人因此更团结。

《礼记·大传》云："是故，人道亲亲也。亲亲故尊祖，尊祖故敬宗，敬宗故收族，收族故宗庙严，宗庙严故重社稷，重社稷故爱百姓，爱百姓故刑罚中，刑罚中故庶民安，庶民安故财用足，财用足故百志成，百志成故礼俗刑，礼俗刑然后乐。"

这段话的意思是说：爱自己父母乃是人的天性。爱自己父母就必然会尊敬祖先，尊敬祖先就必然会尊敬宗族，尊敬宗族就必然会团结族人，团结族人就必然会有严谨的宗庙制度，有严谨的宗庙制度就必然会重视社稷，重视社稷就必然会爱护百姓，爱护百姓就必然会刑罚公正，刑罚公正就必然会使百姓安宁，百姓安宁就必然会财用充足，财用充足就必然会万事如意，万事如意就必然会礼俗美好，礼俗美好就会普天同乐。

现代祭祖活动主要分为两类，一类是公祭，一类是私祭。公祭是对民族人文始祖的崇拜、对民族精神的追寻和对民族发祥地的参拜，其对象主要是被称为人文之祖的黄帝，乃至于各个行业的祖先，其他诸如炎帝、伏羲、女娲、盘古等。私祭是同一个姓氏、同一个家族、同一支血脉甚至是同一个民族的成员团聚在一起，表达对同一祖先的深切缅怀，其对象主要是某一姓氏宗族的祖先，一般来说，清明节、寒食节、端午节、中元节、重阳节都是祭祖日。

公祭黄帝，是中华民族传统的祭祀大典，已经存在了几千年，旨在新睦九族，和合万邦，消弭战祸，趋于大同。近年来，随着中国传统文化的复兴，公祭黄帝已经成为最具有广泛影响和强烈感召力的民族盛典，成为团结凝聚海内外中华儿女、促进祖国和平统一的重要平台。

古代的祭祀活动的程式，主要有斋戒、陈设、祭日晨、读祭文、行献礼、送神。如今，在黄帝陵举办的祭祀活动作了一些改革，祭典议程有十二项，第一项：全体肃立；第二项：鸣放礼炮（34响，代表全国34个省、市、自治区、特别行政区）；第三项：奏乐；第四项：

主祭就位；第五项：陪祭就位；第六项：主祭上香；第七项：献爵奠酒；第八项：敬献花篮；第九项：恭读祭文；第十项：三鞠躬礼；第十一项：乐舞告祭；第十二项：典礼告成。

宗族祭祖是指同一宗族内部较大规模的集体祭祖活动，通常在春分至清明节之间举行，祭祖形式遵循传统，参与者也同为一个宗族，最直观的表现就是同姓。中国古代，自天子以至于庶人，都进行这一祭祖活动，尤其是皇族作为统治阶级的最高层，其祭祀规模按照《礼记》所记，规模宏大，有严格的庙制规定。

《礼记·曲礼下》曰："士祭其先，凡祭，有其废之莫敢举也，有其举之莫敢废也。非其所祭而祭之，名曰淫祀。"一般百姓也只有利用祭祖礼俗，以维系家族的凝聚力和长幼之伦的确立，抒发缅怀先人、慎终追远的心境，进而祈求佑护赐福。

《礼记·坊记》说："修宗庙、敬祀事，教民追孝也。"祭祀祖先，实际上也是教人孝道、教人慎终追远，祭祀就是培养人感恩报恩、饮水思源的意识。祭祖在民间社会里，不仅是传统慎终追远孝道伦理观念的发扬，同时亦是慰藉心灵的一帖良方。而祭祖之仪发展至后期，因为家族成员扩大，支房分立，为便于祭拜共同的祖先，遂合立祖庙、祠堂，共奉列祖列宗。并且通过定时召开的祭祖典仪，整个宗族围绕着宗祠，凝聚成一体。从此，祠堂成为平民社会里伦理关系之重心。再加上层层家法的节制及长幼有序的辈分尊卑，故在功能上，祭祖及祠堂不再仅仅是单纯的祭祀场所及行为。宗祠依然有其不可忽视的影响力。

祭祖这一远古礼俗，在历史的长河中，承载着丰厚的精神内涵。经过千百年的传承，已经作为一种精神和感情的基因，存留于这个民族的精神发育之中。但愿这一文化血脉，不断流，不干涸。

第六讲 传承创新《礼记》思想精华，建设礼仪中国

今天，我们进入了新时代，是中华民族伟大复兴的时代。中华民族的伟大复兴，不仅仅是经济的腾飞，更是文化的振兴。近几十年来，经济大踏步向前发展，但国民的整体素质并没有同步发展。今天，我们与发达国家相比，物质、科技、军事等的差距在缩小，但人的素质则仍有差距，是我们在发展过程中的一大"短板"。在现实生活中，我们看到的一些无礼、失礼的行为，看似是经济问题、制度问题，归根到底还是文化问题。用法律约束人们的行为，这是底线的要求，同时，也要用"礼"去节制、规范人们的行为，只有德法兼施，礼法并举，才能带来长治久安。

钱穆先生说："要了解中国文化，必须站到更高来看中国之心。中国核心思想就是'礼'。"钱先生的说法虽是一家之言，但有一定的道理。礼是中国人一切行为的准则，体现着中国文化的特殊性，中华文化的复兴，应当从礼乐文明开始，应当把中华礼仪作为弘扬中国精神、中国价值的载体。

一、要传承创新

自古礼不相沿，乐不相袭。古代之礼与现代之礼是不相同的。礼应乎时变，古代在历史的前进车轮中，已经逐渐远去，每个时代都有自己的时代风尚，每代人对礼都有着不同的理解和阐释，所以一代有一代之礼，唐有唐之礼，宋有宋之礼，在遵循礼的精神实质的前提下，对礼制进行重新制定，是时代发展的要求。

一个民族需要以独特文化牵引其向前，以新的礼仪去规范人的行为。复古当然是行不通的，但历代传承下来的"礼"的精髓不能够舍弃，如果失去了，那么就是这个时代、这个社会出了问题，而不是礼本身出了问题。

作为礼仪之邦，礼是中国文化的理性之光，华夏文明的连续性、同化力及其可与古希腊文明相媲美的魅力皆源于中国文化的理性力量。礼乐精神已融入中国人的思想、性格中，影响着我们的日常行为规范与精神面貌，而且中国后世的政治、法律、宗教、伦理、哲学、文学、艺术也无不与古代的礼乐文化息息相关。几千年来，礼乐教化不断地传承着礼宜乐和的思想和精神，播撒着理性的种子，并将理性的基因植入了中华民族的文化根系之中，从而使得礼乐文化及相关的制度得以有效地调节各种社会关系，并推动着华夏社会生生不息、繁衍发展。

中国传统的礼仪文化为我们提供了丰厚的资源，《礼记》提出的礼仪的精神、实质以及规范，大多仍然有着现实意义。但是，时代变了，人们的工作方法、生活方式变了，这就要在继承的基础上加以创新。

首先，要升华精神内核，把中国精神、中国价值、中国道德融入礼制、礼仪、礼节之中。比如我们的传统节日春节，它来自古老的丰收祭祀，人们在这时要总祭百神及祖先，祭祀是传统春节的重要主题。时至今日，春节祭祀依然是春节的主要内容之一，人们从四面八方赶回家乡，不仅是为了家人团聚，同时也是为了回到桑梓之邦，叩拜、祭祀祖先。祖先祭祀与家族伦理是春节历久弥新的精神核心。今天我们应该适当传承以及升华对自然与祖先敬畏的信仰，强调家庭伦理与尊重他人的礼仪、情怀，以亲近自然、敬重先贤、关爱他人、和睦家庭、团结社会为传统节日新的精神内涵，这样人们在传统节日中可以获得新的神圣感与责任感以及情感的愉悦。为此，春节的主题要突出慎终追远，元宵节要突出亲情圆满，清明节要突出继志承先，中秋节要突出家国情怀，重阳节要突出敬老孝亲，从而提升节礼中的文化底蕴。

其次，在继承的基础上，要与时俱进，移风易俗。礼节要适合时宜，符合社会的进步要求，符合人与自然的和谐发展。要处理好如下三对关系：

一是要处理好繁与简的关系。《礼记·乐记》说："大乐必易，大礼必简。"意思是说，好的音乐一定要易学易唱易演，好的礼节一定要简易、简约、简便。礼"繁"的最大弊端是耗费人力和物力，为此，好的"礼"既庄重又节约。但过"简"则会失去仪式感，繁简之间关键在"中"即"适度"。中国的春节，大家都觉得节日的味道越来越淡，这就是因为仪式感不足。这就要加以丰富，不能停留在吃团年饭、看"春晚"上。应该在节日前后十五天举办一些仪式。如在岁末举行系列送旧仪式：腊月二十三"送灶神"，对在本家值守一年的"灶神"进行礼拜祭祀；腊月二十四"扫房子"，这个除尘仪式为新年到来做准备；除夕夜的团圆饭与守岁是送旧与迎新的过渡仪式，在这一时间中，人们祭祀祖先、给幼儿压岁钱等都是仪式的具体表现。新旧年交替之时，人们以燃放烟花爆竹的方式送旧迎新。新年降临，人们换桃符、贴春联，向吉利方位出行迎喜神、接

财神，拜庙，拜年贺正、耍社火等，迎新的仪式喜庆而
热烈。其中拜年仪式尤其重要，俗话说"宁可欠人钱，
不可欠人年"，在中国古代社会，拜年成为抒发感情、
表达亲密关系的重要方式，拜年时间虽有早晚之分，拜
年形式有个体的单拜或集体的团拜，但拜年的仪式应该
保留。在传统文化中，正是通过拜年，标志着人们在新
年里建立新的家庭与社会关系。

二是处理好旧与新的关系。随着新科技的出现，人
们的生活方式也发生了改变。"旧"的礼仪要传承，但
也不是一成不变的，要因时而变，不但要赋予"礼"新
的内涵，也要运用"新"的方式。比如春节的短信、视
频拜年，婚礼共植"同心树"，成人礼第一次献血，丧
礼的"树葬""海葬"，有益于生者，有益于他人，有益
于人类的可持续发展的方式，都应该给予肯定和提倡。

三是处理好陋习与良俗的关系。"十里不同俗"，
每一个地方都有其独特的习俗，这是应该尊重的。但前
提是，必须符合人性的要求，符合社会文明进步的要
求，必须遵守公序良俗。曾经见过报道，有些地方"闹
洞房"，亵渎女性，伤害人的尊严，还有些地方大操大
办丧礼等，这些也应加以破除。

二、要礼乐兼修

《礼记》认为礼乐都是教化人们的重要内容，礼、乐既有差别，又密切联系。我们在各种礼仪活动中，都可以看到礼乐相互渗透。可以说，没有一种大的礼仪形式是没有音乐的配合的。如庆生的《生日歌》，婚礼的《婚礼进行曲》，祭奠英烈奏唱《国歌》，等等。为此，《礼记》专门有一篇《乐记》讲礼、乐之别，礼乐与社会、天地、自然的联系，阐述了礼乐的教化功能。礼与乐相辅相成，缺一不可。

首先，《礼记》认为礼乐的目标是一致的。《礼记·乐记》认为"礼以道其志，乐以和其声"，"礼乐刑政，其极一也，所以同民心而出治道也"。礼制可以引导人们的心志，音乐用来和同人们的声音。礼、乐、刑、政，它们的终极目标是一致的，都是用来统一人们思想而使社会安定、天下大治的。

《礼记·乐记》又说："礼节民心，乐和民声，政以行之，刑以防之，礼乐刑政，四达而不悖，则王道备矣。"意为礼可以节制民心，乐可以和合民声，政可以推行国政，刑可以防止奸邪。礼、乐、刑、政达于四方而不悖乱，这样王道之治就完备了。

《礼记·乐记》还说："中正无邪，礼之质也。庄敬恭顺，礼之制也。""春作夏长，仁也；秋敛冬藏，义也；仁近于乐，义近于礼。""乐也者，施也；礼也者，报也。乐其所自生，而礼反其所自始。乐章德，礼报情反始也。"

其次，礼、乐是互补的。《礼记·乐记》说："乐者为同，礼者为异。同则相亲，异则相敬。""合情饰貌者，礼乐之事也。"礼与乐各自发挥着独特的作用。乐，使人的感情相融，同者相亲，求统一，求和谐；礼，使人的次序有制，异者相敬，求等级，求区别。感情融合，外貌饰制，这是礼乐的职能。《礼记·乐记》还说："乐由中出，礼自外作。"意思是说，乐出于中，和乐在心故静。礼敬于貌，礼貌在外故动。

礼与乐相辅相成，礼是对人们行为的节制，而乐是对人情感的抒发和气氛的营造。礼如果没有乐的配合，会显得单调、枯燥，会显得不隆重、不庄重。我们制定礼仪、礼节，一定要有音乐的配合，在这方面，我们还需要努力。比如庆祝生日的仪式，我们用的歌曲还是西方的，缺乏我们中国的生日歌。婚礼也是如此。传统节日也缺乏具有标志意义的音乐和歌曲。这些都对音乐创作提出了新的要求。

三、要知行合一

许慎认为"礼，履也"。段玉裁在《说文解字注》中说："履也，足所依也。"一方面指"礼"应为人遵循并践履，另一方面"履"为足所依，说明人立于世有赖依履。人不讲礼，则显得缺乏教养，事不讲礼则不庄重。礼制、礼法则是规范人们的行为准则，如不讲礼，则会造成秩序的混乱。同时，礼的实行，也要让人们养成习惯，落实在行动上。

要知礼。由于缺乏礼仪教育，有些人确实不懂礼仪规范，为此，要从小开始，从家庭、学校开始，普及礼仪常识。各行各业都应学习具体的礼仪，如公务员要学习政务礼仪，服务行业的人员要学习商务礼仪等。生活中要懂得衣、食、住、行（交通）、言、行（行为）、举、止、游等的礼仪规范。同时，要针对此加以训练。

要守礼。要养成守礼的行为习惯，特别是一些公共生活场所，更应守礼，如排队、不喧哗、不乱丢垃圾等，都需要在实际生活中加以引导和培养。如遵守"一米黄线"的规定，应该落实在行动上。

四、要开放借鉴

东西方礼仪都是文明时代的产物，其原则也必定会有某些相似之处。但由于本身文化体系的不同，中外礼仪也呈现出不同的特点，具体如下：

第一，中华礼仪是道德文化的体现，强调人的道德主体意识，着力培植内在的道德根基，提倡修身养性、人文关怀、和谐社会的建立等，并将它作为礼的渊源和动力。失去了内在的德，礼也就失去了灵魂。在人与人的交往过程中，提倡真诚、质朴、自然，强调礼是内心敬意的自然流露，反对华而不实的做作。

第二，中华礼仪主张彼此之间要有一定的距离，相见时用作揖的方式致敬，双方肌肤不可以直接接触。在中国人看来，过于亲密的接触是轻浮的表现。只有彼此保持恰当距离，才有可能产生敬意。强调男女有别，彼此之间有分寸。西方则相反，认为身体的接触可以增加彼此的亲密感，所以彼此相见要握手或者拥抱。

第三，中国人比较内向、低调，认为"谦受益，满招损"，遇事不喜欢张扬。越是君子越懂得自谦，即使做得很好，也不向别人讨掌声。崇尚天然去雕饰的自然之美，喜欢用发自内心的真诚与别人交流，不喜欢用华丽的外表去博得别人的好感。

西方人张扬个性，注重包装，唯恐自己的愿望不被了解，好用富有个性的外表和装饰去吸引人，希望吸引他人注意。

文明有先进与落后之分，文化却无高低贵贱之别，东西方的礼仪各有长短，不妨互相借鉴，取长补短。俗话说，"入乡随俗"。对待西方的礼仪首先是要尊重，但不能照搬。在尊重的基础上，对于符合人类社会进步要求的礼仪，可以借鉴，汲取并加以转化和创新。如就餐礼仪实行分餐制，符合卫生的要求，是值得我们学习的。又如会客礼仪，讲究预约、守时，体现对他人的尊重，值得借鉴。又如在公共场所，礼让女性、儿童，小声说话，也值得学习。还有尊重个人隐私，不随便询问年龄、婚姻状况、收入等，也是值得我们注意的。

礼，在中华民族发展的历史长河中，是维系社会人群生活秩序的重要因素，是中华优秀传统文化中色彩最浓厚、影响最深远的重要内容，在今天中华民族伟大复兴的历史进程中，我们要加以传承创新，真正把中国建成礼仪之邦！